5e • 4e • 3e

MON CARNET DE RÉUSSITE

Maths

Doyan ULGAR
Collège Aliénor d'Aquitaine, Castillon-la-Bataille (33)

Nom : ....

Prénom : ....

Classe : ....

L'auteur et les Éditions Hatier remercient chaleureusement
Vanessa Hatton pour sa relecture critique.

Hatier

Sommaire

Ressources numériques
hatier-clic.fr/1907271

Partie 4 Grandeurs et mesures

Partie 5 Espace et géométrie

© HATIER, Paris, 2021 – ISBN : 978-2-401-07733-1

Flash cards

Flashcards
Versions imprimable et interactive
hatier-clic.fr/21cm04

Nombres et calculs

- On effectue la division euclidienne de 7 par 3. Combien vaut le dividende ? le diviseur ? le quotient ? le reste ?

→ Fiche 14

Nombres et calculs

- Quelle est la relation entre a^n et a^{-n} (a non nul) ?
- Quelle puissance de 10 correspond au préfixe méga (de symbole M) ? au préfixe nano (de symbole n) ?

→ Fiches 20 et 21

Nombres et calculs

- Comment savoir si un nombre est divisible par 3 ?
- Qu'est-ce qu'un nombre premier ?

→ Fiches 15 et 16

Nombres et calculs

- Quel est le résultat de $\frac{a}{k} - \frac{b}{k}$?
- Comment fait-on pour diviser par une fraction ?

→ Fiches 23 et 24

Nombres et calculs

- Comment compare-t-on deux fractions qui ont le même dénominateur ?
- Que faut-il trouver pour pouvoir simplifier une fraction ?

→ Fiches 17 et 22

Nombres et calculs

- Que signifie développer une expression littérale ?
- Donner la 3e identité remarquable.

→ Fiche 26

Nombres et calculs

- Comment fait-on pour soustraire un nombre négatif ?
- Quel est le signe du résultat de la multiplication de deux nombres de même signe ?

→ Fiches 18 et 19

Nombres et calculs

- Que signifie résoudre une équation ?
- Combien de solutions admet l'équation $x^2 = a$ si $a > 0$?

→ Fiches 27 et 28

Données, fonctions

- Dans un tableau de proportionnalité, comment obtient-on la valeur du coefficient de proportionnalité ?
- Comment reconnaître graphiquement que deux grandeurs sont proportionnelles ?

→ Fiches 29 et 30

Données, fonctions

- Quel calcul faut-il effectuer pour calculer t % d'une quantité ?
- Par quel coefficient doit-on multiplier une grandeur pour l'augmenter de t % ?

→ Fiches 31 et 33

Données, fonctions

- a et b sont deux nombres positifs dans le ratio 3:5. Donner au moins deux égalités reliant a et b.

→ Fiche 32

Données, fonctions

- Pour représenter graphiquement une grandeur a en fonction d'une grandeur b, quelle grandeur place-t-on sur l'axe des abscisses ? sur l'axe des ordonnées ?

→ Fiche 34

Données, fonctions

- Par une fonction, combien un nombre peut-il avoir d'image(s) ? d'antécédent(s) ?
- Donner l'expression d'une fonction affine.

→ Fiches 35 et 36

Données, fonctions

- Comment calcule-t-on une moyenne pondérée ?
- Quelle est la médiane d'une série de données ordonnées si l'effectif total de la série est pair ?

→ Fiches 37 et 38

Données, fonctions

- Que permet de représenter un histogramme ?
- À quoi sont proportionnels les effectifs dans un diagramme circulaire ?

→ Fiches 39 et 40

Données, fonctions

- On tire une carte dans un jeu de 32 cartes. Quelle est la probabilité d'obtenir une dame ?
- Quel outil permet d'étudier une expérience aléatoire à deux épreuves ?

→ Fiches 41 et 42

Grandeurs et mesures

- Comment se calcule l'échelle d'une représentation ?
- À combien de secondes correspond une heure ?

→ Fiches 43 et 44

Espace et géométrie

- À quelle condition deux angles alternes-internes sont-ils de même mesure ?
- Quel(s) instrument(s) de géométrie faut-il pour construire un triangle dont on connaît un côté et deux angles ?

→ Fiches 50 et 51

Grandeurs et mesures

- Quelle relation permet de convertir des volumes en contenances (et vice versa) ?
- Quel calcul faut-il effectuer pour convertir en km/h une vitesse exprimée en m/s ?

→ Fiches 45 et 46

Espace et géométrie

- Quelle propriété permet de savoir si un triangle est constructible ?
- Combien vaut la somme des mesures des trois angles d'un triangle ?

→ Fiche 52

Grandeurs et mesures

- À quoi correspond l'aire d'une figure ?
- Quelle formule donne le volume d'un cône de hauteur h et de rayon de base r ?

→ Fiches 47 et 48

Espace et géométrie

- Quelles droites remarquables permettent de construire le cercle circonscrit à un triangle ?
- À quelles conditions sur ses diagonales un parallélogramme est-il un carré ?

→ Fiches 53 et 54

Grandeurs et mesures

- Si les longueurs d'une figure sont multipliées par k (positif), par combien est multiplié·e son périmètre ? son aire ?

→ Fiche 49

Espace et géométrie

- Que peut-on dire des côtés et des angles de deux triangles égaux ?
- Comment peut-on prouver que deux triangles sont semblables ?

→ Fiches 55 et 56

Calcul mental
hatier-clic.fr/21cm02

Dico maths
hatier-clic.fr/21cm01

Espace et géométrie

- Dans un triangle rectangle, comment s'appelle le côté opposé à l'angle droit ?
- Quelle égalité relie la longueur de l'hypoténuse à celles des deux autres côtés ?

→ Fiche 57

Espace et géométrie

- Quel théorème utilise-t-on pour calculer la longueur d'un côté d'un triangle rectangle ?
- Que peut-on utiliser pour démontrer qu'un triangle est rectangle ?

→ Fiche 58

Espace et géométrie

- À quoi sert le théorème de Thalès ?
- À quoi sert la réciproque du théorème de Thalès ?

→ Fiche 59

Espace et géométrie

- Quelle formule mnémotechnique permet de retenir les rapports trigonométriques dans un triangle rectangle ?
- Que peut-on calculer en utilisant les rapports trigonométriques ?

→ Fiches 60 et 61

Espace et géométrie

- Comment obtient-on l'image d'une figure par une symétrie centrale ?
- Qu'est-ce qui permet de définir une rotation ?

→ Fiches 63 et 64

Espace et géométrie

- Qu'est-ce qui permet de définir une translation ?
- Que peut-on dire de l'image d'une figure par une homothétie de rapport inférieur à -1 ?

→ Fiches 65 et 66

Espace et géométrie

- Nommer les deux nombres qui forment les coordonnées d'un point du plan.
- Nommer les nombres qui forment les coordonnées d'un point sur une sphère.

→ Fiches 67 et 68

Espace et géométrie

- Sur une représentation en perspective cavalière d'un solide, comment sont représentées les arêtes cachées ?

→ Fiche 69

Partie 1

BOÎTE À OUTILS

POUR LES MATHS

Dico maths
hatier-clic.fr/21cm01

Cartes mentales
Versions imprimables et interactives
hatier-clic.fr/21cm03

CALCULER MENTALEMENT

PROUVER

RAISONNEMENT

DÉMONSTRATION

PROPRIÉTÉS

THÉORÈMES

CONJECTURE

LOGIQUE

OR… DONC…

SI… ALORS…

CONTRE-EXEMPLE

BREVET

1 Les compétences en mathématiques

Chercher

➔ Fiches 2, 7, 9 à 11

- Identifier et exploiter les **informations utiles** d'un énoncé, d'une figure, d'un graphique, etc.
- Faire des **essais** au brouillon, avec la calculatrice ou avec un logiciel.
- Proposer des **hypothèses**, des **pistes** de résolution, des **exemples** ou des **contre-exemples**.

Représenter

➔ Fiches 34 à 42, 51 à 69

- Représenter des données par une **fonction**, un **graphique**, un **diagramme**.
- Construire des **figures** géométriques.
- Passer d'un graphique ou d'une figure à une expression littérale et numérique (et vice versa).

Calculer

➔ Fiches 5, 6, 12, 14 à 33

- Calculer avec des **nombres** ou avec une **expression littérale**.
- Calculer mentalement, à la main, avec la calculatrice.
- **Vérifier la cohérence** de ses résultats.

Modéliser

➔ Fiches 3, 30, 36, 57 à 61

- **Traduire** une situation en langage mathématique.
- **Identifier** une configuration géométrique connue, une situation de proportionnalité, etc.

Raisonner

➔ Fiches 7, 8, 29 à 69

- **Résoudre des problèmes** en utilisant ses connaissances.
- **Démontrer** en utilisant un raisonnement logique et les règles mathématiques.
- **Argumenter**.

Communiquer

➔ Fiches 4, 29 à 42

- **Lire et interpréter** des tableaux, des graphiques, des diagrammes, etc.
- **Expliquer** une démarche **à l'oral ou à l'écrit**.
- **Comprendre** des explications et **argumenter**.

Exemple

Un jardin rectangulaire a pour longueur 8 m et pour périmètre 26 m. Quelle est sa largeur ?

Pour résoudre cet exercice, tu dois (......................) le jardin, (......................) pour obtenir une équation en utilisant une formule, (......................) pour résoudre l'équation, et (......................) pour présenter ton raisonnement et ton résultat.

➔ Fiche 3

2 Comprendre une consigne

Méthode

1. **Lire la consigne en entier** et avec attention, plusieurs fois si nécessaire.
2. **Repérer**, par exemple en les surlignant :
   • **les verbes d'action**, qui indiquent le travail à faire ;
   • **les données et les mots-clés**, qui permettent d'identifier ce sur quoi il faut travailler.
3. Si nécessaire, **faire un croquis ou une figure à main levée** pour visualiser la situation.

Principaux verbes d'action

• **Calculer :** effectuer une ou plusieurs opérations pour obtenir une valeur numérique.

• **Comparer des nombres :** ranger par ordre croissant ou décroissant (➲ **fiche 17**), ou dire s'ils sont égaux ou différents.

• **Conjecturer :** formuler une hypothèse sur un résultat (➲ **fiche 7**).

• **Construire (une figure) :** dessiner en utilisant les instruments de géométrie et les propriétés (➲ **fiches 51, 53**).

• **Déduire :** utiliser un résultat précédent pour en obtenir un autre.

• **Démontrer / Montrer / Prouver :** raisonner en s'appuyant sur les données de l'énoncé et les propriétés du cours (➲ **fiche 7**).

• **Déterminer :** trouver une valeur numérique ou une expression littérale.

• **Déterminer graphiquement :** lire une valeur sur un diagramme, un graphique (➲ **fiches 35, 36, 39, 40**).

• **Exprimer en fonction de… :** donner une expression littérale reliant deux variables (➲ **fiche 34**).

• **Interpréter :** donner du sens par rapport au contexte, à la situation.

• **Justifier :** expliquer un résultat en détaillant les étapes intermédiaires.

• **Modéliser :** traduire en langage mathématique (➲ **fiche 3**).

• **Représenter en vraie grandeur :** tracer une figure en respectant les mesures indiquées dans l'énoncé.

• **Reproduire une figure :** tracer une figure correspondant à celle de l'énoncé.

• **Simplifier une expression :** écrire avec le minimum d'opérateurs et de termes (➲ **fiche 25**).

• **Tracer à main levée :** dessiner sans utiliser les instruments de géométrie, en essayant de respecter les proportions et en codant la figure (➲ **page I**).

3 Modéliser une situation

Modéliser une situation réelle, c'est la traduire en langage mathématique pour pouvoir répondre à une ou plusieurs questions.

Méthode

1. **Trouver le modèle** : modèle géométrique, équation, fonction, etc.
2. **Utiliser ses propriétés mathématiques** : formules, règles de calcul, théorème, propriétés, etc.
3. **Revenir à la situation réelle** en traduisant le résultat mathématique pour répondre à la question.

Exemple 1

Un jardin rectangulaire a pour longueur 8 m et pour périmètre 26 m. Quelle est sa largeur ?

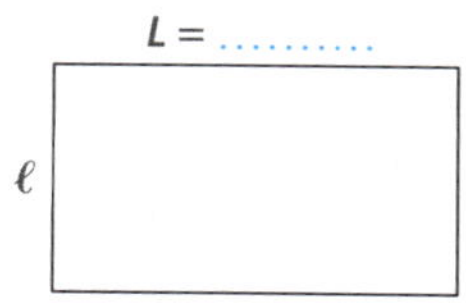

Ce jardin a la forme d'un ....

Appelons ℓ sa ...., L sa .... et $\mathcal{P}$ son périmètre.

$\mathcal{P} = 2$ .... $+ 2$ ....

$= 2 \times$ .... $+ 2$ .... $=$ .... $+ 2$ ....

Or $\mathcal{P} =$ .... m, donc $16 + 2\ell =$ ....

Ainsi, $2\ell =$ ...., donc $\ell =$ ....

Ce jardin rectangulaire a pour largeur ....

1. On représente le jardin par une figure géométrique.

2. On utilise la formule du périmètre d'un rectangle (➲ **fiche 47**) pour obtenir une équation que l'on résout (➲ **fiche 27**).

3. On répond à la question.

Exemple 2

Dans 9 ans, Kemal aura le double de l'âge qu'il avait il y a 2 ans. Quel est son âge ?

Appelons x l'âge actuel de Kemal.

Dans 9 ans, Kemal aura .... ans.

Il y a 2 ans, il avait .... ans.

Donc .... $= 2 \times$ ....

.... $=$ ....

.... $= 2x - x$

.... $= x$

Kemal a actuellement ....

1. On introduit une variable pour traduire l'énoncé à l'aide d'expressions littérales (➲ **fiche 25**).

2. On résout l'équation obtenue (➲ **fiche 27**).

3. On répond à la question.

4 Rédiger la réponse à un exercice

Ma liste de vérifications

- ❑ J'ai indiqué ce que je cherche.
- ❑ J'ai rappelé les données de l'énoncé que j'utilise.
- ❑ J'ai expliqué mon raisonnement :
  - en citant les définitions, propriétés ou théorèmes utilisés ;
  - en utilisant les mots de liaison adaptés (« comme… alors… », « … car… », « … donc… », etc.).
- ❑ J'ai détaillé mes calculs et posé les opérations si nécessaire (➲ **fiche 5**).
- ❑ J'ai rédigé une phrase de conclusion, sans oublier d'indiquer les unités si nécessaire.

Exemple

Déterminer la mesure de l'angle inconnu dans le triangle ABC ci-contre.

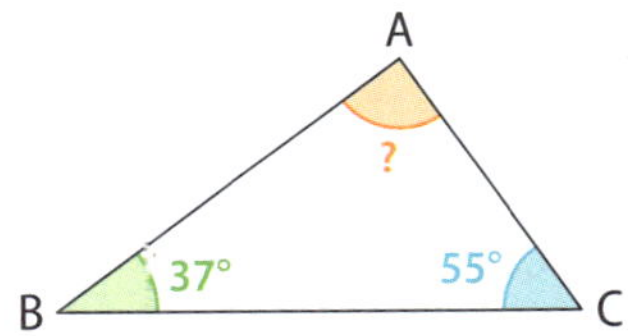

Je cherche à déterminer ……………………
…………………. — J'indique ce que je cherche.

Je sais que l'angle $\widehat{ABC}$ mesure ………. et que l'angle $\widehat{ACB}$ mesure ………. . — J'indique les données que je vais utiliser.

Or, dans un triangle la …………. des mesures des …………. angles est égale à ………. . — Je cite la propriété utilisée (➲ **fiche 52**).

Donc : — J'utilise des mots de liaison.

$$\widehat{BAC} + \widehat{ABC} + \widehat{ACB} = 180°$$

D'où : — Je détaille mon calcul.

$\widehat{BAC} =$ ………. − (………. + ……….)

$=$ ………. − (………. + ……….)

$=$ ………. − ……….

$=$ ……….

Ainsi, l'angle $\widehat{BAC}$ mesure 88°. — Je conclus.

5 Présenter le résultat d'un calcul

Ma liste de vérifications

- ❑ J'ai vérifié mes calculs (signes, application des règles de calculs, respect des priorités opératoires, retenues, etc.) (➲ **fiches 18, 19, 20, 23, 24**).
- ❑ J'ai exprimé mon résultat sous la forme demandée (➲ **fiches 21, 22**).
- ❑ J'ai **arrondi** correctement la valeur trouvée si nécessaire.
- ❑ J'ai **vérifié la cohérence** de mon résultat.
- ❑ J'ai indiqué l'**unité** si nécessaire.

Arrondir un nombre

Méthode

1. Identifier le chiffre qui suit celui du **rang de l'arrondi**.

2. Si sa valeur est :

0 • 1 • 2 • 3 • 4	5 • 6 • 7 • 8 • 9
alors **arrondir** par défaut, c'est-à-dire **tronquer** le nombre au rang souhaité.	alors **arrondir** par excès, c'est-à-dire **tronquer** le nombre au rang souhaité et **ajouter 1** au dernier chiffre du nombre obtenu.

Exemples

- Arrondi de 9,711 au dixième : 9,711 ≈ ....
- Arrondi de 8,295 au centième : 8,295 ≈ ....

On utilise le symbole ≈.

Vérifier la cohérence en estimant un ordre de grandeur

1. Remplacer chaque nombre de l'opération par la dizaine, la centaine, etc., qui lui est le plus proche.

2. Effectuer mentalement le calcul simplifié.

3. Vérifier que l'ordre de grandeur obtenu est proche du résultat trouvé.

Exemples

- 105,42 × 38,6 ≈ .... × .... = ...
- 841,4 – 512,8 ≈ .... – .... = ...

6 Tester une égalité littérale

Une **égalité** comporte **deux membres**, séparés par le signe =. Dans une **égalité littérale** figure au moins **une lettre**, qui désigne un nombre inconnu.

Exemple $2x + 3 = x + 4$

Tester une égalité littérale, c'est dire si l'égalité est vraie **ou** fausse quand on remplace chaque lettre par une même valeur numérique.

Méthode

1. **Calculer le membre de gauche** en remplaçant la lettre par la valeur.
2. **Calculer séparément le membre de droite** en remplaçant la lettre par la même valeur.
3. **Comparer** les deux résultats obtenus :

S'ils sont égaux, l'égalité est vraie pour cette valeur.	S'ils sont différents, l'égalité est fausse pour cette valeur.

Exemple 1

Pour l'égalité ci-dessus et $x = 1$:

- $2x + 3 = 2 \times$ .... $+ 3 =$ ....
- $x + 4 =$ .... $+ 4 =$ ....

Les deux résultats sont .... donc l'égalité est .... pour $x = 1$.

Exemple 2

Pour l'égalité ci-dessus et $x = 2$:

- $2x + 3 = 2 \times$ .... $+ 3 =$ ....
- $x + 4 =$ .... $+ 4 =$ ....

Les deux résultats sont .... donc l'égalité est .... pour $x = 2$.

Remarque On peut tester une égalité à la main, en calculant mentalement, avec la calculatrice (→ page II) ou avec le tableur (→ fiche 11).

Je m'entraîne

Teste l'égalité $3x - 2 = x + 2$ pour :

a. $x = 1$

....
....
....
....

b. $x = 2$

....
....
....
....

7 Valider ou réfuter une conjecture

Une **conjecture** est une hypothèse que l'on pense vraie car un ou plusieurs exemples la vérifient. Si on peut la valider, c'est-à-dire la démontrer dans le cas général, alors elle est vraie ; sinon elle est fausse : il faut la réfuter.

Valider une conjecture

Différents outils :

- le **calcul littéral.** ➲ Exemple 1
- un raisonnement utilisant les **propriétés, théorèmes ou formules** du cours.
- un raisonnement par **disjonction de cas,** c'est-à-dire en distinguant les cas possibles.

Exemple 1

En testant le programme de calcul ci-contre avec différents nombres, on peut conjecturer qu'il renvoie toujours le double du nombre de départ.

① Choisir un nombre.
② Ajouter 5.
③ Multiplier par 6.
④ Diviser par 3.
⑤ Soustraire 10.

Notons x le nombre choisi à l'étape ①.
À l'étape ②, on obtient $x + 5$.
À l'étape ③, on obtient (............) × .... = ...
À l'étape ④, on obtient (............) ÷ .... = ...
Et à l'étape ⑤, on obtient .... − .... = ...
La conjecture est donc ....

Réfuter une conjecture

Pour montrer qu'une conjecture est fausse, il suffit de trouver un **contre-exemple,** c'est-à-dire un cas particulier pour lequel elle n'est pas vérifiée.

Exemple 2

Après avoir tracé les trois hauteurs d'un triangle, un élève conjecture que leur point de concours est toujours à l'intérieur du triangle.

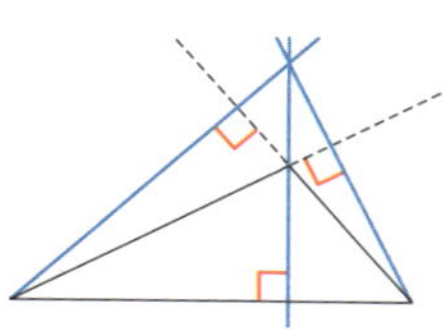

Le triangle ci-contre est un .... :
en traçant ses trois ...., on constate qu'elles se coupent .... du triangle. La conjecture est donc ....

8 Lire et écrire un algorithme

Un **algorithme** est une suite ordonnée d'instructions qui permet de résoudre un problème, d'obtenir un résultat. Il peut être traduit dans un langage de programmation (➲ fiche 9).

Boucles : répéter des instructions

Exemple 1

L'algorithme ci-dessous permet de tracer un .... :

> **Répéter** 4 fois
> Avancer de 100 pas
> Tourner à gauche de 90°

Variables : mémoriser et modifier des données

Exemple 2

Pour calculer l'expression $(x + 1) \times (x - 1) + 1$ pour un nombre x au choix, on peut suivre l'algorithme de calcul suivant :

> Choisir un nombre et l'affecter à la **variable** x
> La **variable** *a* prend la valeur $x + 1$
> La **variable** *b* prend la valeur $x - 1$
> La **variable** *résultat* prend la valeur .... × .... + ...

Si on exécute cet algorithme en choisissant le nombre 5, *résultat* vaut ....

Instructions conditionnelles : agir selon une condition

Exemple 3

La **suite de Syracuse** d'un nombre s'obtient ainsi :

– choisir un nombre entier positif non nul ;

– **s**'il est pair, **alors** le diviser par 2 ;

– **sinon**, le multiplier par 3 et ajouter 1 ;

– recommencer avec le nombre obtenu.

L'algorithme, sous forme d'**algorigramme**, ci-contre calcule les nombres de la suite de Syracuse pour un nombre au choix.

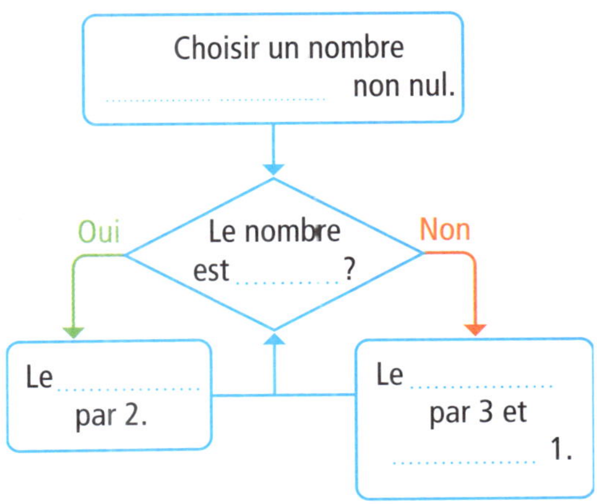

pix

9 Programmer avec Scratch

Fichiers et lien
hatier-clic.fr/21cm18

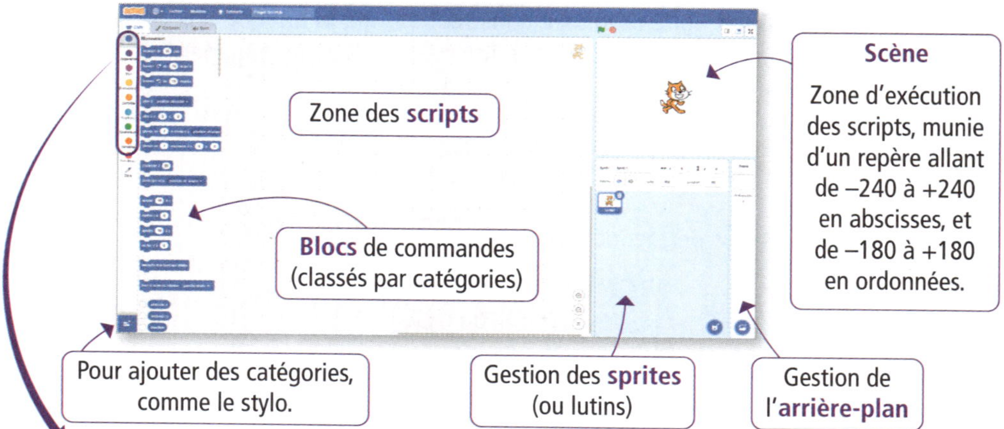

Liste des catégories de commandes

Mouvement	Apparence	Son	Événements	Contrôle	Capteurs	Opérateurs	Variables

Dessiner : stylo, mouvements et boucles

Exemple 1 **Tracer un carré de côté 100 pas (➲ fiche 8).**

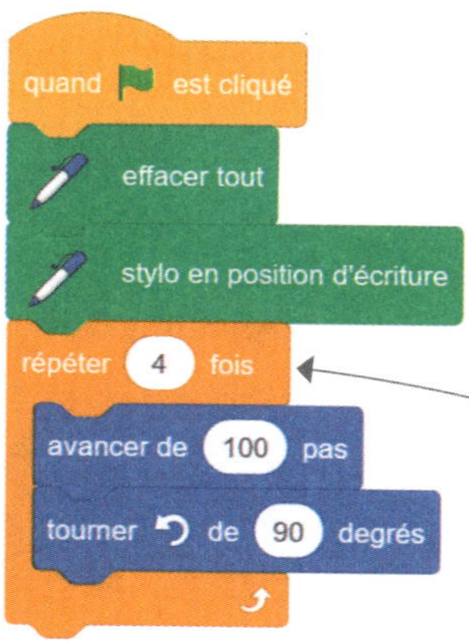

La **boucle** permet d'obtenir le tracé du carré sans avoir à mettre 4 fois les instructions pour avancer et tourner.

Je m'entraîne

Code sur *Scratch* le script de l'**exemple 1**, puis modifie-le pour tracer un hexagone régulier.

Calculer : capteurs, variables et opérateurs

Exemple 2 **Calculer $(x + 1) \times (x - 1) + 1$ pour un nombre x au choix (➲ fiche 8).**

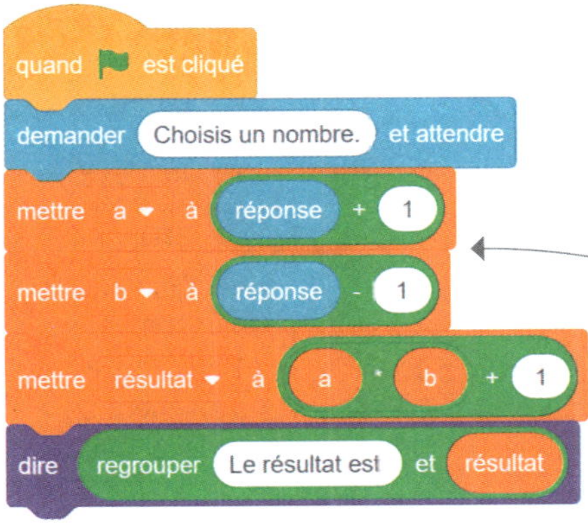

Les **variables** créées permettent de stocker les résultats intermédiaires pour les utiliser ensuite.

Tester une condition : instructions conditionnelles

Exemple 3 **Obtenir la suite de Syracuse d'un nombre au choix (➲ fiche 8).**

L'**instruction conditionnelle** permet de tester la condition, puis d'effectuer des actions différentes selon qu'elle est vérifiée ou non.

« *a* modulo 2 » renvoie le reste de la division euclidienne de *a* par 2. Si *a* modulo 2 = 0, alors *a* est divisible par 2, donc *a* est pair.

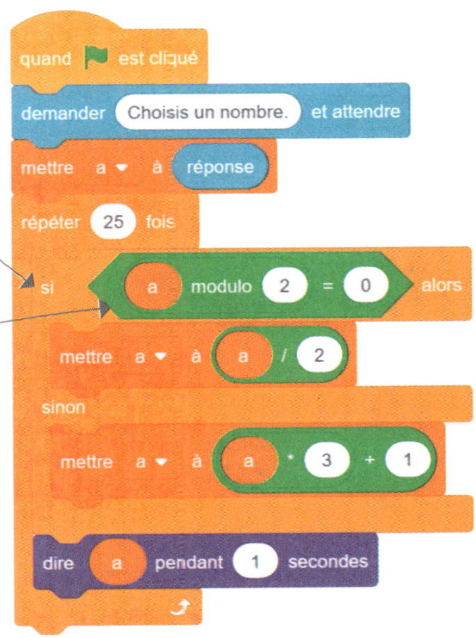

Je m'entraîne

Code le script de l'**exemple 3**, puis exécute-le avec 14, puis 51, puis des nombres au choix.

Que peut-on conjecturer (➲ fiche 7) ?

....

....

....

pix

10 Utiliser un logiciel de géométrie dynamique

Doc+ et lien
hatier-clic.fr/21cm20

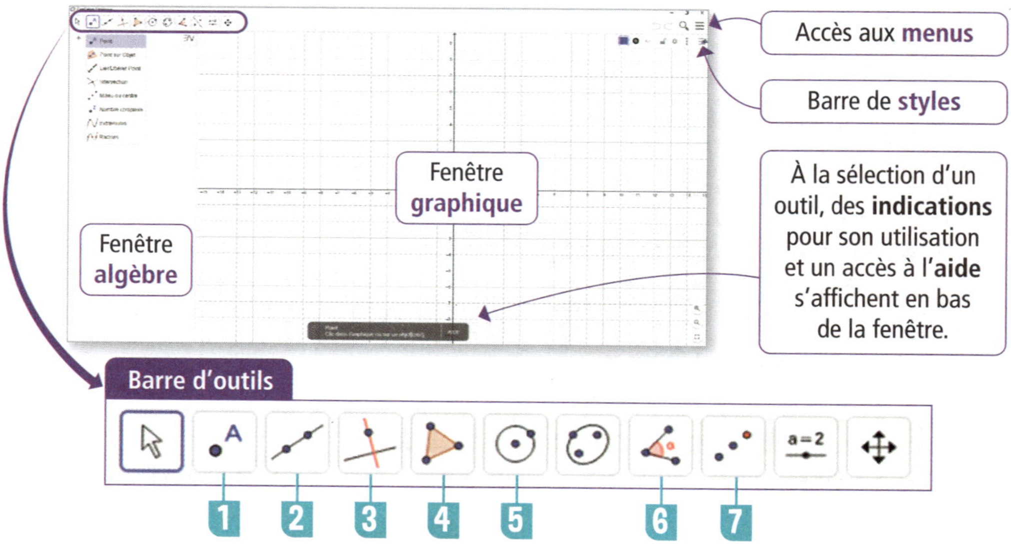

1 Placer un point

Point libre
Le point peut être déplacé librement.

Point sur un objet
Le point ne peut être déplacé que sur l'objet.

Point à une intersection
Le point ne peut pas être déplacé.

Remarques
- Par défaut, un point libre est bleu, un point sur un objet est bleu clair et un point d'intersection est noir.
- *GeoGebra* nomme automatiquement les objets créés. Pour modifier un nom, faire un clic droit sur l'objet et sélectionner *Renommer*.

2 Tracer une droite, une demi-droite, un segment

Droite
passant par deux points

Demi-droite

Segment
à partir de ses extrémités

Segment
de longueur donnée

3 Tracer des droites particulières

- **Perpendiculaire** à une droite
- **Parallèle** à une droite
- **Médiatrice** d'un segment
- **Bissectrice** d'un angle

4 Construire un polygone

- **Polygone quelconque**
- **Polygone régulier** (triangle équilatéral, carré, etc.)

5 Tracer un cercle

- **Cercle** à partir du centre et d'un point
- **Cercle** à partir du centre et de la mesure du rayon

6 Construire un angle, mesurer une grandeur

Construction…

- **d'un angle** à partir de points*
- **d'un angle** de mesure donnée

Mesure…

- **d'un angle***
- **d'une longueur**
- **d'une aire**

* en tournant dans le sens horaire

7 Appliquer une transformation

- **Symétrie axiale**
- **Symétrie centrale**
- **Rotation**
- **Translation**
- **Homothétie**

pix

11 Utiliser un tableur

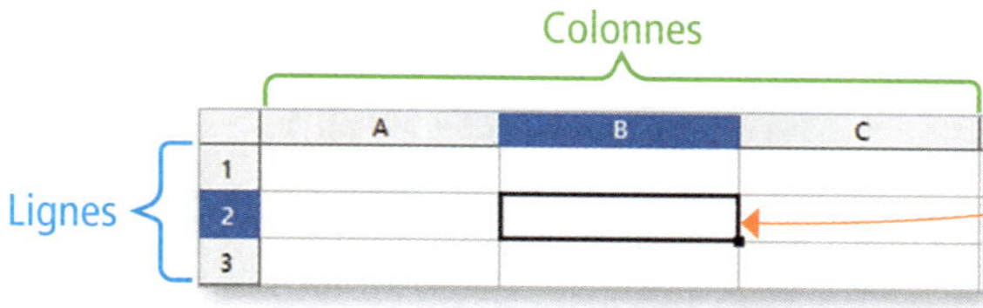

La **cellule** à l'intersection de la colonne B et de la ligne 2 est désignée par B2.

Effectuer une opération

Opération	Symbole tableur	Exemple	
		Pour effectuer… :	… on saisit :
Addition (+)	+	$31 + 94$	=31+94
Soustraction (–)	-	$52 - 66$	=52-66
Multiplication (×)	*	14×9	=14*9
Division (÷)	/	$51 \div 12$	=51/12
Puissance	^	5^7	=5^7

Remarque Toute formule de calcul doit être précédée par le symbole « = ».

Le tableur propose aussi des **fonctions**, à saisir directement dans la cellule ou accessibles en cliquant sur *fx* dans la barre de formule. Par exemple :

- =SOMME(A1:A8) renvoie la somme des nombres contenus dans les cellules A1 à A8 ;
- =RACINE(9) renvoie la racine carrée de 9.

Saisir et recopier une formule

Exemple Tester l'égalité $2x + 3 = x + 4$ pour différentes valeurs de x.

1. En A2, on a saisi -2.
2. En B2 : =2*A2+3
3. En C2 : =A2+4

	A	B	C
1	x	$2x + 3$	$x + 4$
2	-2	-1	2
3	-1	1	3
4	0	3	4
5	1	5	5
6	2	7	6

4. On a **sélectionné** les cellules A2 à C2, puis tiré la **poignée de recopie** vers le bas pour que les calculs se fassent automatiquement.

Créer une liste de nombres avec un pas constant

Exemple Créer une liste de nombres avec un pas de 2.

1. **Saisir** les deux premières valeurs de la liste.

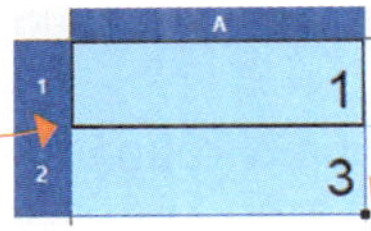

2. **Sélectionner** les deux cellules, puis tirer la **poignée de recopie** vers le bas.

Trier une liste de données

1. **Sélectionner** les cellules qui contiennent les nombres (ou mots) à trier.
2. Dans *Données*, **cliquer sur** [a/z↓] pour trier dans l'ordre croissant (ou alphabétique) ou sur [z/a↓] pour trier dans l'ordre décroissant (ou alphabétique inversé).

Traiter des données

=MOYENNE(A1:A8)	►	Renvoie la **moyenne** des nombres contenus dans les cellules A1 à A8.
=MEDIANE(A1:A8)	►	Renvoie la **médiane** des nombres contenus dans les cellules A1 à A8.
=MIN(A1:A8) / =MAX(A1:A8)	►	Renvoie **le plus petit / le plus grand** des nombres contenus dans les cellules A1 à A8.

Simuler une expérience aléatoire

=ALEA.ENTRE.BORNES(1;6)	►	Renvoie un **nombre entier aléatoire** compris entre 1 et 6, tous deux inclus.
=NB.SI(A1:A8;3)	►	Compte le **nombre de valeurs égales à** 3 dans les cellules A1 à A8.
=NB.SI(A1:A8;">=5")	►	Compte le **nombre de valeurs supérieures ou égales à** 5 dans les cellules A1 à A8.

Construire un graphique

1. **Sélectionner** les cellules contenant les données (ici, A1 à E2).

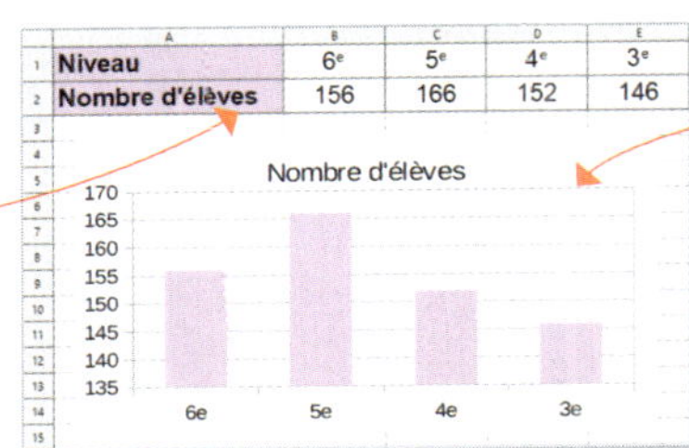

2. Cliquer sur [icône graphique], suivre les étapes de l'assistant (choix du type de diagramme, etc.) et cliquer sur Terminer.

12 Calculer astucieusement

Calcul mental
Calcul@Tice (Niveau 6e)
hatier-clic.fr/21cm24

Je maîtrise les bases

- ❑ Je connais mes tables de multiplication.
- ❑ Je connais les compléments à 10, 100, 1 000, etc.
- ❑ Je sais multiplier et diviser par 10, 100, 1 000, etc.
- ❑ Je sais multiplier et diviser par 0,1, 0,01, 0,001, etc.
- ❑ Je sais que multiplier par 0,5, c'est diviser par 2 ; multiplier par 0,25, c'est diviser par 4 ; multiplier par 0,2, c'est diviser par 5 ; etc.

Ajouter astucieusement

Dans une somme, **l'ordre des termes n'a pas d'importance** : on peut regrouper des termes pour faciliter les calculs.

- $A = 27 + 25 + 73 + 25$

  $A =$ .... + ...
  $A =$ ....

- $B = 76{,}3 + 47 + 3{,}7$

  $B =$ .... + ...
  $B =$ ....

- $C = 36 + 25 + 64 + 15 =$ .... + ... = ...

- $D = 17{,}25 + 13{,}6 + 2{,}75 + 16{,}4 =$ .... + ... = ...

Multiplier astucieusement en regroupant

Dans un produit, **l'ordre des facteurs n'a pas d'importance** : on peut regrouper des facteurs pour faciliter les calculs.

- $E = 25 \times 28 \times 4$

  $E =$ .... × ....
  $E =$ ....

- $F = 0{,}2 \times 7 \times 50$

  $F =$ .... × ....
  $F =$ ....

- $G = 15 \times 1{,}25 \times 3 \times 8 =$ .... × .... = ...

- $H = 0{,}4 \times 3{,}97 \times 250 =$ .... × .... = ...

Multiplier astucieusement en décomposant

Multiplier par 20, c'est multiplier par 2, puis multiplier par 10.
Multiplier par 5, c'est multiplier par 10, puis diviser par 2.
Multiplier par 0,9, c'est multiplier par 9, puis diviser par 10.
Etc.

- $54 \times 20 = 54 \times$ ………… $\times$ ………… $=$ ………… $\times$ ………… $=$ …………
- $78 \times 5 = (78 \times$ …………$) \div$ ………… $=$ ………… $\div$ ………… $=$ …………
- $8 \times 0{,}9 = (8 \times$ …………$) \div$ ………… $=$ ………… $\div$ ………… $=$ …………

Calculer à l'aide de la distributivité simple

On peut **décomposer** un élément d'un produit ou d'un quotient.

- $9 \times 16 = 9 \times (10 + 6) = 9 \times$ ………… $+ 9 \times$ ………… $=$ ………… $+$ ………… $=$ …………
- $168 \div 8 = (160 + 8) \div 8 =$ ………… $\div 8 +$ ………… $\div 8 =$ ………… $+$ ………… $=$ …………

On peut **factoriser** une somme ou une différence.

- $9 \times 25 + 9 \times 35 = 9 \times (25 + 35) = 9 \times$ ………… $=$ …………
- $7 \times 63 - 7 \times 13 = 7 \times ($………… $-$ …………$) = 7 \times$ ………… $=$ …………

Calcul mental

hatier-clic.fr/21cm02

Pour aller plus loin

Découvre des techniques surprenantes pour calculer mentalement :

Vidéos
hatier-clic.fr/21cm25

13 En route vers le brevet

Doc+
Texte officiel
hatier-clic.fr/21cm26

Le Diplôme National du Brevet (DNB)

Évaluation du socle commun
400 points

5 épreuves
- 1 épreuve orale
- 4 épreuves écrites : français, **mathématiques**, histoire-géographie-EMC, sciences

400 points

En option
enseignements facultatifs
10 à 20 points supplémentaires

L'épreuve écrite de mathématiques

Objectif	Évaluer les connaissances et compétences (➲ **fiche 1**) sur les différentes notions au programme de mathématiques de cycle 4
Type d'épreuve	Écrite
Date	Fin juin
Durée	2 h
Points	100 points
Sujet	Plusieurs (6 à 10) exercices indépendants : – dont certains avec des tableaux ou des schémas ; – dont un exercice d'informatique (programmation ou tableur). Un des exercices peut être un QCM.

Remarque La calculatrice est autorisée, sauf mention contraire.

Des conseils pour réussir l'épreuve de mathématiques

Pendant l'année

Apprends ton cours régulièrement en faisant des fiches et en t'assurant que tu as compris.

➔ Flashcards p. 4

Entraîne-toi régulièrement avec ton manuel et des sujets d'annales.

La veille de l'épreuve

Prépare ta trousse et ta montre.

Vérifie ta calculatrice.

Prépare de quoi boire et grignoter.

Le jour J

Lis le sujet en entier et commence par les exercices qui te semblent plus faciles.

Explique tes recherches même si tu n'arrives pas au résultat souhaité : elles pourront te rapporter des points.

Soigne la présentation, la rédaction et l'orthographe.

Et aussi : rédige soigneusement tes réponses aux exercices (➔ **fiche 4**) et vérifie la cohérence de tes résultats (➔ **fiche 5**).

Partie 2

NOMBRES

DIVISIBILITÉ ET NOMBRES PREMIERS

NOMBRES RELATIFS ET FRACTIONS

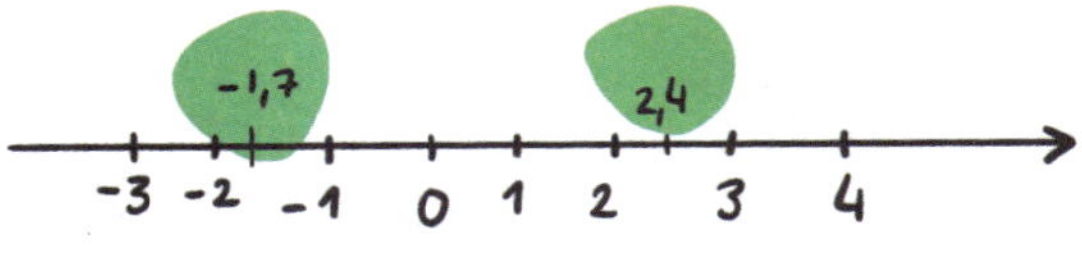

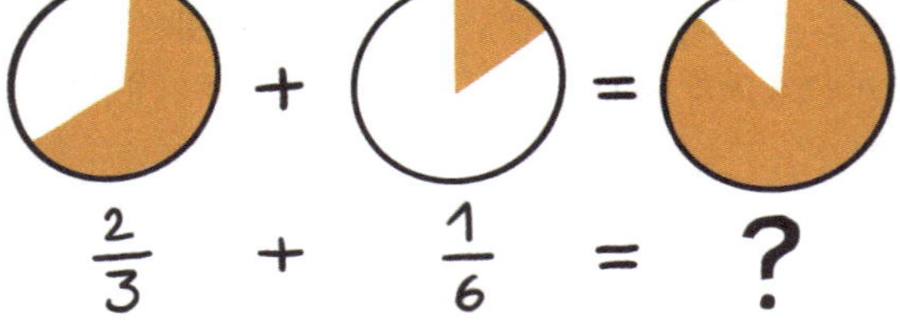

ET CALCULS

Dico maths
hatier-clic.fr/21cm01

Cartes mentales
Versions imprimables et interactives
hatier-clic.fr/21cm03

PUISSANCES

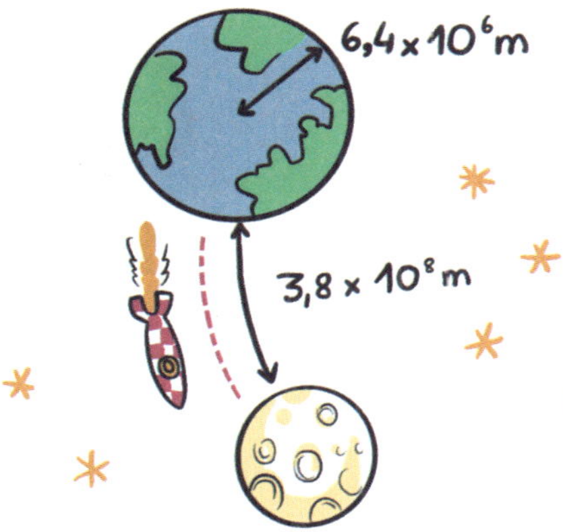

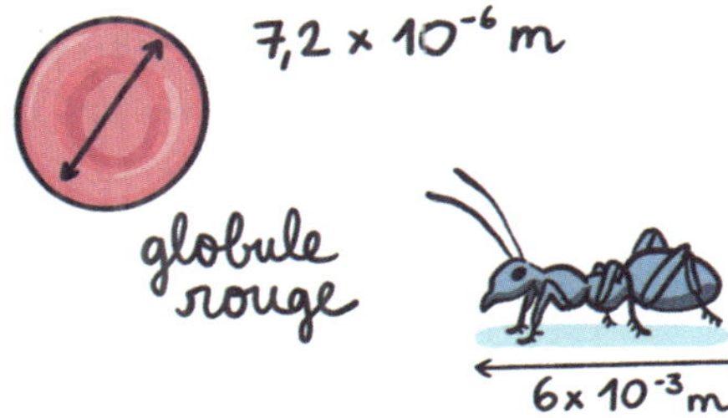

$$3^2 \times 3^5 = 3^{2+5} = 3^7$$

CALCUL LITTÉRAL

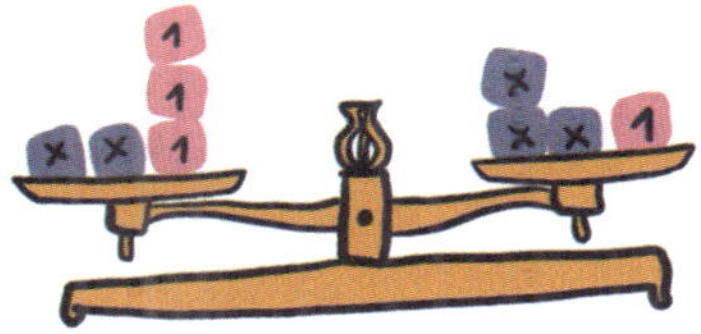

$$(a+b)\times(a-b) = a^2 - b^2$$

DÉVELOPPEMENT

$$2(3x+5) = 6x+10$$

FACTORISATION

14 Effectuer une division euclidienne

a, *b*, *q* et *r* sont des nombres entiers positifs (*b* non nul).
Effectuer la division euclidienne de *a* par *b*, c'est trouver les deux uniques nombres *q* et *r* tels que :

$$a = b \times q + r \quad \text{avec } r < b$$

dividende (*a*) — diviseur (*b*) — quotient (*q*) — reste (*r*)

Attention !
b est non nul car la division par 0 est impossible.

Exemple Division euclidienne de 328 par 6.

$$\begin{array}{rrr|rr} 3 & 2 & 8 & 6 & \\ \cline{4-5} -3 & 0 & \downarrow & 5 & 4 \\ \cline{1-2} & 2 & 8 & & \\ - & 2 & 4 & & \\ \cline{2-3} & & 4 & & \end{array}$$

$6 \times 5 = 30$

$6 \times 4 = 24$

4 est plus petit que 6 : c'est le reste.

Ainsi, $328 = 6 \times 54 + 4$.

Si le reste est nul ($r = 0$), alors $a = b \times q$ et on peut dire que :

- *a* est un **multiple** de *b* ;
- *a* **est divisible par** *b* ;
- *b* est un **diviseur** de *a* ;
- *b* **divise** *a*.

Je m'entraîne

La voiture d'Aurel, qui parcourt 13 000 km chaque année, émet 1 456 kg de CO_2 par an.

▸ Sachant qu'un arbre absorbe en moyenne 25 kg de CO_2 par an, combien d'arbres faudrait-il pour absorber tout le CO_2 émis par la voiture d'Aurel ?

Je rédige

On a :

$1\,456 = 25 \times$ .... + ...

....

....

....

....

Je pose l'opération

15 Utiliser les critères de divisibilité

Un nombre est divisible par …

2 s'il est pair, c'est-à-dire si son **chiffre des unités** est 0, 2, 4, 6 ou 8.
Exemples
44 · 380 · 1 696

3 si la **somme des chiffres** qui le composent est un multiple de 3.
Exemples
93 · 222 · 3 135

3 + 1 + 3 + 5 = 12
et 12 = 3 × 4

4 si le nombre composé par ses **deux derniers chiffres** est un multiple de 4.
Exemples
312 · 560 · 9 948

60 = 4 × 15

5 si son **chiffre des unités** est 0 ou 5.
Exemples
75 · 880 · 3 785

9 si la **somme des chiffres** qui le composent est un multiple de 9.
Exemples
324 · 774 · 9 477

9 + 4 + 7 + 7 = 27
et 27 = 9 × 3

10 si son **chiffre des unités** est 0.
Exemples
90 · 480 · 5 500

Je m'entraîne

Pour chaque case, mets une croix quand la phrase est vraie.

	… est divisible par :					
	2	3	4	5	9	10
185						
364						
918						
1 380						
3 960						
32 895						

Astuce !
Si un nombre n'est pas divisible par 2, il ne l'est pas non plus par ses multiples (ici, 4 et 10).

16 Décomposer un nombre en produit de facteurs premiers

Un **nombre premier** est un nombre entier supérieur ou égal à 2, et qui n'est divisible que par 1 et par lui-même (1 n'est pas premier).

Déterminer les nombres premiers : le crible d'Ératosthène

Méthode

1. Entourer 2, qui est le premier nombre premier. Barrer tous ses multiples : 4, 6, 8, etc.
2. Entourer le nombre non barré qui suit (c'est-à-dire 3) et barrer tous ses multiples.
3. Recommencer l'étape précédente jusqu'à ce qu'il n'y ait plus de nombres à barrer.

Tu dois obtenir 25 nombres entourés : ce sont les nombres premiers inférieurs à 100.

Exemple

Les nombres premiers inférieurs à 100

1	2	3	4	5	6	7	8	9	10
11	12	13	14	15	16	17	18	19	20
21	22	23	24	25	26	27	28	29	30
31	32	33	34	35	36	37	38	39	40
41	42	43	44	45	46	47	48	49	50
51	52	53	54	55	56	57	58	59	60
61	62	63	64	65	66	67	68	69	70
71	72	73	74	75	76	77	78	79	80
81	82	83	84	85	86	87	88	89	90
91	92	93	94	95	96	97	98	99	100

Décomposer un nombre N en produit de facteurs premiers

N est divisible par 2 ?

- Oui : $N = 2 \times N_1$
  - N_1 est divisible par 2 ?
    - Oui : $N = 2 \times 2 \times N_2$
    - Non : N_1 est divisible par 3 ?
- Non : N est divisible par 3 ?
  - Oui : $N = 3 \times N'_1$
  - Non : …

On continue en essayant avec tous les nombres premiers jusqu'à avoir seulement des facteurs premiers !

Exemples

- $550 = 2 \times$ .... $= 2 \times 5 \times$ .... $= 2 \times 5 \times 5 \times$ ....
- $975 =$ .... $=$ .... $=$ ....

17 Comparer des nombres

Comparer deux nombres relatifs

Un **nombre relatif** est un nombre positif (avec le signe + placé devant ou sans signe) ou négatif (avec le signe – placé devant).

Si les deux nombres sont…

…de signes contraires

Un nombre positif est supérieur à un nombre négatif.

Exemple $-5{,}9 < 7{,}3$

$-5{,}9$ 0 $7{,}3$

…positifs

Le nombre ayant la plus grande distance à 0 est le plus grand.

Exemple $2{,}5 < 6{,}6$

0 $2{,}5$ $6{,}6$

…négatifs

Le nombre ayant la plus grande distance à 0 est le plus petit.

Exemple $-9 < -3{,}3$

-9 $-3{,}3$ 0

Comparer deux fractions

Méthode

1. Si les dénominateurs sont différents, mettre les deux fractions au même dénominateur.

2. Comparer les numérateurs des fractions (au même dénominateur).

Exemple

On souhaite comparer $\frac{7}{12}$ et $\frac{3}{4}$.

▸ $\frac{3}{4} = \frac{3 \times \text{……}}{4 \times \text{……}} = \frac{\text{……}}{12}$.

▸ Or 7 …… …… donc $\frac{7}{12}$ …… $\frac{\text{……}}{12}$.

Ainsi $\frac{7}{12}$ …… $\frac{3}{4}$.

Je m'entraîne

1. Complète avec $<$ ou $>$.

a. 6,62 …… 66,2 b. 5 …… –12,9 c. –4,01 …… –8,3 d. –40 …… 12

2. Compare $\frac{-8}{9}$ et $\frac{-2}{3}$.

$\frac{-2}{3} = \frac{-2 \times \text{……}}{3 \times \text{……}} = \frac{\text{……}}{\text{……}}$. Or …… $<$ …… donc $\frac{\text{……}}{9} < \frac{\text{……}}{9}$.

Ainsi $\frac{\text{……}}{\text{……}} < \frac{\text{……}}{\text{……}}$.

18 Additionner et soustraire des nombres relatifs

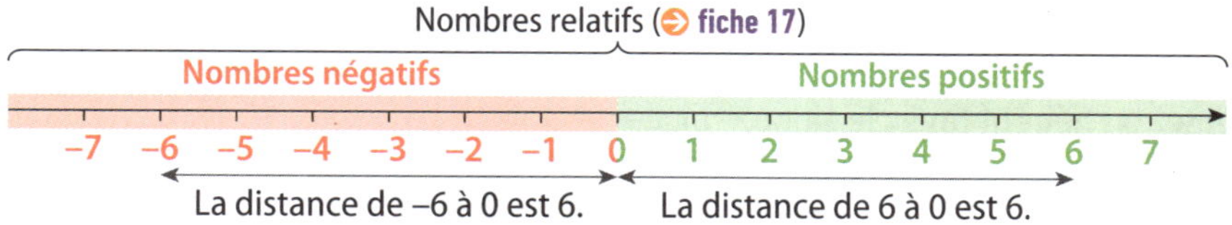

Additionner des nombres relatifs

Méthode

Nombres de même signe

1. Garder le signe en commun des deux nombres.
2. Additionner la distance à zéro des deux nombres.

Nombres de signes différents

1. Garder le signe du nombre qui a la plus grande distance à zéro.
2. Soustraire la plus petite distance à zéro à la plus grande.

Exemples

- +7 + (+5) = +12
- –7 + (–5) = –12
- +7 + (–5) = +2
- –7 + (+5) = –2

Soustraire des nombres relatifs

Soustraire un nombre revient à additionner son opposé.

Deux nombres opposés ont la même distance à zéro et des signes différents. Exemple : +5 et –5.

- +7 – (+5) = +7 + (–5) = +2
- –7 – (–5) = –7 + (+5) = –2
- +7 – (–5) = +7 + (+5) = +12
- –7 – (+5) = –7 + (–5) = –12

Je m'entraîne

a. 18 + (–11) = ...

b. –12 + (–5) = ...

c. –17 – (+20) = ... = ...

d. –3 – (–15) = ... = ...

e. +30 – (+12) = ... = ...

f. 11 – (–17) = ... = ...

19 Multiplier et diviser des nombres relatifs

Le résultat d'une multiplication ou d'une division de deux nombres…

…de même signe

est toujours **positif**.

Exemples

- $3 \times (+5) = 15$
- $-8 \times (-9) = 72$
- $(+49) \div 7 = 7$
- $-64 \div (-8) = 8$

…de signes différents

est toujours **négatif**.

Exemples

- $3 \times (-5) = -15$
- $-8 \times (+9) = -72$
- $(+49) \div (-7) = -7$
- $-64 \div 8 = -8$

Si une multiplication admet un nombre pair de facteurs négatifs, alors son résultat est **positif**.

Si elle admet un nombre impair de facteurs négatifs, alors son résultat est **négatif**.

Exemples

- $-3 \times (-2) \times (-5) \times (-1) = 30$
- $-2 \times 4 \times (-5) \times (-10) = -400$

Tu peux appliquer la règle des signes :

× ou ÷	« + »	« – »
« + »	« + »	« – »
« – »	« – »	« + »

Je m'entraîne

Inscris dans chaque case le résultat de l'opération.
Si l'opération n'est pas possible, écris « impossible ».

a	b	c	$a \times b$	$a \times (-b)$	$(-a) \times c$	$a \times b \times c$	$a \div b$	$(-b) \div c$
+9	–3	3						
8	+4	–2						
–18	0	–3						
–15	–5	2						

20 Calculer avec des puissances

Puissances d'exposant positif ou négatif

Exposants positifs

a est un nombre et n un nombre entier positif.

$$a^n = \underbrace{a \times a \times \ldots \times a}_{n \text{ facteurs égaux à } a}$$

Exemples

- $2^3 = 2 \times 2 \times 2 = 8$
- $(-2)^3 = (-2) \times (-2) \times (-2) = -8$
- $-2^3 = -2 \times 2 \times 2 = -8$

Exposants négatifs

a est un nombre **non nul** et n un nombre entier positif.
a^{-n} est l'**inverse** de a^n :

$$a^{-n} = \frac{1}{a^n}$$

Exemples

- $2^{-3} = \frac{1}{2^3} = \frac{1}{2 \times 2 \times 2} = \frac{1}{8}$
- $(-5)^{-2} = \frac{1}{(-5)^2} = \frac{1}{(-5) \times (-5)} = \frac{1}{25}$

Conventions d'écritures

- Pour tout nombre a, $a^1 = a$.
- Pour tout nombre non nul a, $a^0 = 1$.

a^n se lit « a exposant n » ou « a puissance n ».

Remarque $(-1)^n$ est égal à 1 si n est pair et à -1 si n est impair.

Je m'entraîne

Effectue chaque calcul en détaillant.

a. $4^3 =$ ....

b. $(-3)^3 =$ ....

c. $(-1)^2 =$ ....

d. $(-1)^5 =$ ....

e. $3^{-3} =$ ....

f. $(-4)^{-3} =$ ....

Opérations avec les puissances

- $5^3 \times 5^4 = 5 \times 5 \times 5 \times 5 \times 5 \times 5 \times 5 = 5^{3+4} = 5^{\cdots}$ ← On **additionne** les exposants.
- $\frac{7^6}{7^2} = \frac{7 \times 7 \times 7 \times 7 \times 7 \times 7}{7 \times 7} = 7^{6-2} = 7^{\cdots}$ ← On **soustrait** les exposants.
- $(9^2)^3 = 9^2 \times 9^2 \times 9^2 = 9^{2 \times 3} = 9^{\cdots}$ ← On **multiplie** les exposants.

21 Utiliser les puissances de 10

Puissances de 10 et préfixes multiplicateurs

n est un nombre entier positif.
Les puissances de 10 permettent d'exprimer…

…les grands nombres

$10^n = \underbrace{10 \times \ldots \times 10}_{n \text{ facteurs}} = 1\underbrace{00\ldots0}_{n \text{ zéros}}$

Exemple $10^5 = 100\ 000$

…les petits nombres

$10^{-n} = \dfrac{1}{10^n} = \underbrace{0{,}0\ldots0}_{n \text{ zéros}}1$

Exemple $10^{-3} = 0{,}001$

Préfixe	giga	méga	kilo	unité	milli	micro	nano
Symbole	G	M	k		m	µ	n
Puissance de 10	10^9	10^6	10^3	10^0	10^{-3}	10^{-6}	10^{-9}

Multiples de l'unité (giga, méga, kilo) — Sous-multiples de l'unité (milli, micro, nano)

Exemples
- 1 Go = 1 000 000 000 o = 10^9 o
- 1 µm = 0,000 001 m = 10^{-6} m

L'octet (o) est une unité de mesure de la quantité de données informatiques.

Calculer avec les puissances de 10

- $10^4 \times 10^2 = 10 \times 10 \times 10 \times 10 \times 10 \times 10 = 10^{\cdots\cdots} = 10^{\cdots\cdots}$
- $\dfrac{10^5}{10^3} = \dfrac{10 \times 10 \times 10 \times 10 \times 10}{10 \times 10 \times 10} = 10^{\cdots\cdots} = 10^{\cdots\cdots}$
- $(10^4)^3 = 10^4 \times 10^4 \times 10^4 = 10^{\cdots\cdots} = 10^{\cdots\cdots}$

Exprimer en notation scientifique

La **notation scientifique** d'un nombre positif est l'unique écriture de la forme :

$$a \times 10^n$$

a est un nombre décimal tel que $1 \leqslant a < 10$.

n est un nombre entier relatif.

Exemples • $5\ 300 = 5{,}3 \times 10^3$ • $0{,}000\ 168 = 1{,}68 \times 10^{-4}$

Je m'entraîne

Donne la notation scientifique des nombres suivants.

a. 42 300 = ……………………………… b. 0,000 006 3 = ………………………………

22 Simplifier une fraction et la rendre irréductible

Simplifier une fraction

Simplifier une fraction, c'est lui trouver une fraction **égale** mais avec **un numérateur et un dénominateur entiers plus petits**.

Méthode

1. Écrire le numérateur et le dénominateur sous forme d'un produit avec un facteur commun. Pour cela, on peut utiliser les critères de divisibilité (➲ **fiche 15**).
2. Supprimer ce facteur commun au numérateur et au dénominateur.

Exemple

$$\frac{28}{126} = \frac{2 \times 14}{2 \times 63} = \frac{14}{63}$$

$\frac{14}{63}$ est **une** forme simplifiée de $\frac{28}{126}$.

Je m'entraîne

Donne une forme simplifiée de chaque fraction.

a. $\frac{27}{72} =$ ....

b. $\frac{148}{36} =$ ....

Rendre une fraction irréductible

Une fraction est **irréductible** quand on ne peut plus la simplifier : le nombre 1 est le seul diviseur commun au numérateur et au dénominateur.

Exemple

$$\frac{28}{126} = \frac{2 \times 14}{2 \times 63} = \frac{14}{63} = \frac{7 \times 2}{7 \times 9} = \frac{2}{9}$$

$\frac{2}{9}$ est **la** forme irréductible de $\frac{28}{126}$.

Je m'entraîne

Donne la forme irréductible de chaque fraction.

a. $\frac{75}{105} =$ ....

b. $\frac{252}{72} =$ ....

23 Additionner et soustraire des fractions

Avec des dénominateurs identiques

$\dfrac{a}{k}+\dfrac{b}{k}=\dfrac{a+b}{k}$ et $\dfrac{a}{k}-\dfrac{b}{k}=\dfrac{a-b}{k}$

Additionner les numérateurs

Conserver le dénominateur commun

Soustraire les numérateurs

Exemples

- $\dfrac{7}{13}+\dfrac{12}{13}=\dfrac{7+12}{13}=\dfrac{19}{13}$
- $\dfrac{21}{5}-\dfrac{8}{5}=\dfrac{21-8}{5}=\dfrac{13}{5}$

Je m'entraîne

a. $\dfrac{-11}{21}+\dfrac{24}{21}=$ ....

b. $\dfrac{3}{7}-\dfrac{9}{7}=$ ....

Avec des dénominateurs différents

$\dfrac{a}{b}+\dfrac{c}{d}=?$ → *d* est un multiple de *b* ? ← $\dfrac{a}{b}-\dfrac{c}{d}=?$

Oui

Transformer une fraction

Multiplier *a* et *b* par un même nombre entier pour obtenir une fraction de dénominateur *d*.

Exemple

$\dfrac{3}{2}-\dfrac{11}{6}=\dfrac{3\times3}{2\times3}-\dfrac{11}{6}=\dfrac{9}{6}-\dfrac{11}{6}=\dfrac{-2}{6}$

Non

Transformer les deux fractions

Multiplier *a* et *b* par *d*.
Multiplier *c* et *d* par *b*.
→ On obtient deux fractions de même dénominateur ($b \times d$).

Exemple

$\dfrac{2}{5}+\dfrac{7}{4}=\dfrac{2\times4}{5\times4}+\dfrac{7\times5}{4\times5}=\dfrac{8}{20}+\dfrac{35}{20}=\dfrac{43}{20}$

Je m'entraîne

a. $\dfrac{3}{8}+\dfrac{5}{4}=$ ....

b. $\dfrac{1}{2}-\dfrac{4}{3}=$ ....

24 Multiplier et diviser des fractions

Multiplier deux fractions

Méthode

Multiplier les numérateurs.

$$\frac{a}{b} \times \frac{c}{d} = \frac{a \times c}{b \times d}$$

Multiplier les dénominateurs.

(b et d non nuls)

Exemples

- $\frac{5}{3} \times \frac{11}{7} = \frac{5 \times 11}{3 \times 7} = \frac{55}{21}$
- $\frac{-7}{8} \times \frac{5}{-3} = \frac{-7 \times 5}{8 \times (-3)} = \frac{35}{24}$

(➔ **fiche 19** pour la règle des signes)

Je m'entraîne

a. $\frac{-9}{12} \times \frac{5}{4} =$ ....

b. $\frac{20}{6} \times \frac{8}{7} =$ ....

Déterminer l'inverse d'une fraction

L'inverse de $\frac{a}{b}$ est $\frac{b}{a}$ (a et b non nuls).

Exemples

- L'inverse de $\frac{2}{3}$ est $\frac{3}{2}$.
- L'inverse de 4 est $\frac{1}{4}$ (car $4 = \frac{4}{1}$).

Diviser par une fraction

Diviser par une fraction revient à multiplier par son inverse :

$$\frac{a}{b} \div \frac{c}{d} = \frac{a}{b} \times \frac{d}{c}$$

(b, c et d non nuls)

- $\frac{5}{3} \div \frac{11}{7} = \frac{5}{3} \times \frac{7}{11} = \frac{35}{33}$
- $\frac{-7}{8} \div \frac{5}{-3} = \frac{-7}{8} \times \frac{-3}{5} = \frac{21}{40}$

Je m'entraîne

a. $\frac{-3}{8} \div \frac{9}{4} =$ ....

b. $\frac{14}{11} \div 5 =$ ....

25 Transformer et réduire une expression littérale

Une **expression littérale** est une suite d'opérations qui comporte une ou plusieurs **lettres**, appelées **variables**. Chaque lettre désigne un même nombre.

Transformer une expression littérale

Pour simplifier l'écriture d'une expression littérale, on peut **supprimer le signe** × lorsqu'il est placé :

devant ou derrière une lettre
- $5 \times a = 5a$
- $a \times 5 = 5a$ (et non $a5$)
- $k \times x = kx$

devant ou derrière une parenthèse
- $5 \times (s+1) = 5(s+1)$
- $(s+1) \times 5 = 5(s-1)$ (et non $(s+1)5$)
- $n \times (n+1) = n(n+1)$
- $(y-3) \times (y-1) = (y-3)(y-1)$

On a de plus : • $0 \times x = 0$ • $1 \times x = x$ • $x^1 = x$ • $x \times x = x^2$

Réduire une expression littérale

Expressions somme ou différence
- $3x+2$ et $3x-2$ ne peuvent pas se réduire.
- $3x+2y$ et $3x-2y$ ne peuvent pas se réduire.
- $3x+2x = 5x$ et $3x-2x = x$
- $3x+2x^2$ et $3x-2x^2$ ne peuvent pas se réduire.

Expressions produit
- $3x \times 2 = 6x$
- $3x \times 2y = 6xy$
- $3x \times 2x = 6x^2$
- $3x \times 2x^2 = 6x^3$

Pour réduire une expression produit, on peut modifier l'ordre des facteurs : $3x \times 2y = 3 \times 2 \times x \times y = 6xy$.

Je m'entraîne

Réduis les expressions littérales.

a. $5 \times x + 3 \times y - 5 + x \times 12 - y \times 8 =$ .... = ...

b. $-21 - 4 \times x \times x + 13 \times x + 15 \times x^2 =$ .... = ...

c. $7 \times x \times x - 8 \times y - x^2 \times 7 - 44 + y \times 9 =$ .... = ...

26 Développer et factoriser une expression littérale

Vidéo
hatier-clic.fr/21cm42

Développer, factoriser

Développer une expression littérale, c'est transformer un produit en somme ou en différence.

Factoriser une expression littérale, c'est transformer une somme ou une différence en produit.

Produit —Développer→ Somme ou différence

Somme ou différence —Factoriser→ Produit

Je m'entraîne

Entoure en bleu les expressions qui sont des produits, et en vert celles qui sont des sommes ou des différences.

$3\times x-y$ $\quad xy$ $\quad 3(x+y)$ $\quad 3+x\times y$

$(3+x)(y-2)$ $\quad 3+x^2$ $\quad (3+x)^2$

Distributivité simple

Développer →

$$k\times(a+b)=k\times a+k\times b$$
$$k\times(a-b)=k\times a-k\times b$$

← Factoriser

Exemples

- $2(3x+5)=2\times 3x+2\times 5=6x+10$
- $9x+18=9\times x+9\times 2=9(x+2)$
- $2(3x-5)=2\times 3x-2\times 5=6x-10$
- $9x-18=9\times x-9\times 2=9(x-2)$

Je m'entraîne

1. Développe.

a. $3(2x+5)=$ …………………………… $=$ ……………………………

b. $r(8-7r)=$ …………………………… $=$ ……………………………

2. Factorise.

a. $15s+10=$ …………………………… $=$ ……………………………

b. $4p^2-12p=$ …………………………… $=$ ……………………………

Distributivité double

Forme factorisée $(a+b)\times(c+d) = ac+ad+bc+bd$ Forme développée

Exemples

- $(2+x)(3x+5) = 2\times 3x + 2\times 5 + x\times 3x + x\times 5$
  $= 6x + 10 + 3x^2 + 5x$
  $= 11x + 10 + 3x^2$
  $= 3x^2 + 11x + 10$

Par convention, on **ordonne** l'expression : on range les termes dans l'ordre décroissant des puissances.

- $(2-x)(3x+5) = 2\times 3x + 2\times 5 - x\times 3x - x\times 5$
  $= 6x + 10 - 3x^2 - 5x$
  $= -3x^2 + x + 10$

Application : identités remarquables

1. $(a+b)^2 = a^2 + 2ab + b^2$
2. $(a-b)^2 = a^2 - 2ab + b^2$
3. $(a+b)\times(a-b) = a^2 - b^2$

Ces identités se retrouvent en appliquant la double distributivité : par exemple, $(a+b)^2 = (a+b)\times(a+b)$.
Au collège, seule la 3e identité remarquable est à retenir.

Je m'entraîne

1. Développe et réduis si nécessaire.

a. $(y+2)\times(4+y) =$ .... = ...

b. $(1-z)\times(z-3) =$ .... = ...

c. $(5l+8)(5l-8) =$ .... = ...

d. $(9+m)^2 =$ .... = ...

e. $(6n-4)^2 =$ .... = ...

2. Factorise à l'aide de la 3e identité remarquable.

a. $16 - r^2 =$ .... = ...

b. $25t^2 - 81 =$ .... = ...

27 Résoudre une équation

Vidéo
hatier-clic.fr/21cm44

Une **équation** est une égalité entre deux expressions comportant une ou plusieurs **inconnues**. Ces inconnues sont désignées à l'aide de lettres.

Exemple $\underbrace{5x-4}_{\text{membre de gauche}} = \underbrace{6+3x}_{\text{membre de droite}}$ est une équation d'inconnue x.

> **Résoudre une équation**, c'est trouver ses solutions, c'est-à-dire la ou les valeurs de l'inconnue pour lesquelles l'égalité est vraie.

Une égalité reste vraie si toute opération effectuée dans un membre est également effectuée dans l'autre.

a, *b* et *k* sont des nombres (*k* non nul).
Si $a = b$, alors :

$a+k=b+k$	$a-k=b-k$	$a\times k=b\times k$	$\dfrac{a}{k}=\dfrac{b}{k}$

Ces propriétés permettent d'**isoler l'inconnue dans un membre** de l'équation.

Cas $x-a=b$	Cas $x+a=b$	Cas $\dfrac{x}{a}=b$	Cas $ax=b$
$x-9=31$ $x-9+9=31+9$ $x=$..........	$x+7=-4$ $x+7-7=-4-7$ $x=$..........	$\dfrac{x}{3}=12$ $\dfrac{x}{3}\times 3=12\times 3$ $x=$..........	$-5x=-22$ $\dfrac{-5x}{-5}=\dfrac{-22}{-5}$ $x=$..........

Exemple

Résolution de l'équation $5x-4=6+3x$.

$5x-4+$ .... $=6+3x+$ .... ← On ajoute 4 dans chacun des deux membres.

$5x=$ .... $+3x$

$5x-$ .... $=10+3x-$ .... ← On soustrait $3x$ dans chacun des deux membres.

.... $=10$

$\dfrac{2x}{.......}=\dfrac{10}{.......}$ ← On divise par 2 dans chacun des deux membres.

$x=$.......

28 Résoudre une équation du type $x^2 = a$ ou une équation produit nul

Racine carrée d'un nombre positif

Vidéo hatier-clic.fr/21cm45

La **racine carrée** d'un nombre positif a est le nombre positif qui, élevé au carré, est égal à a. On le note $\sqrt{a}$.

Exemple $\sqrt{9} = 3$ car $3^2 = 9$.

À retenir : quelques carrés « parfaits »

a	1	2	3	4	5	6	7	8	9	10	11	12
a^2	....	....	....	....	....	....	....	....	....	....	....	....

Résoudre une équation du type $x^2 = a$

$a < 0$
$x^2 = a$ n'a **aucune solution**.

$a = 0$
$x^2 = 0$ a **une unique solution** : $x = 0$.

$a > 0$
$x^2 = a$ a **deux solutions** : $x = \sqrt{a}$ ou $x = -\sqrt{a}$.

Exemple L'équation $x^2 = 30$ admet deux solutions : $\sqrt{30}$ et $-\sqrt{30}$.

Résoudre une équation produit nul

$a \times b = 0$ si et seulement si $a = 0$ ou $b = 0$.

Exemple Si $(x-2)(x+1) = 0$, alors $x - 2 = 0$ ou $x + 1 = 0$.
Les solutions de l'équation sont donc $x = 2$ et $x = -1$.

Pour se ramener à une équation produit nul, il faut parfois factoriser (➔ **fiche 26**).

Je m'entraîne

Résous chaque équation.

a. $(5 - x)(x - 3) = 0$

....

....

....

....

b. $x^2 - 49 = 0$

....

....

....

....

Partie 3

ORGANISATION ET GESTION

PROPORTIONNALITÉ

Masse (en kg)	3	4
Prix (en €)	4,50	6

× 1,5

3:4

FONCTIONS

$f(x) = x^2 + 3$

$g(x) = 4x$

$h(x) = 2x + 1$

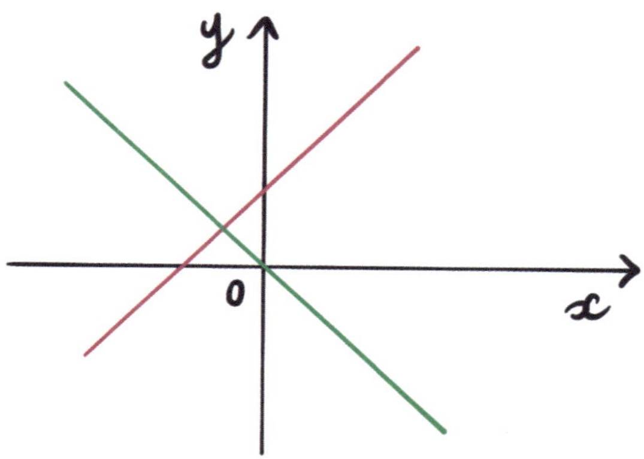

DE DONNÉES, FONCTIONS

Dico maths
hatier-clic.fr/21cm01

Cartes mentales
Versions imprimables et interactives
hatier-clic.fr/21cm03

TRAITEMENT ET REPRÉSENTATION DE DONNÉES

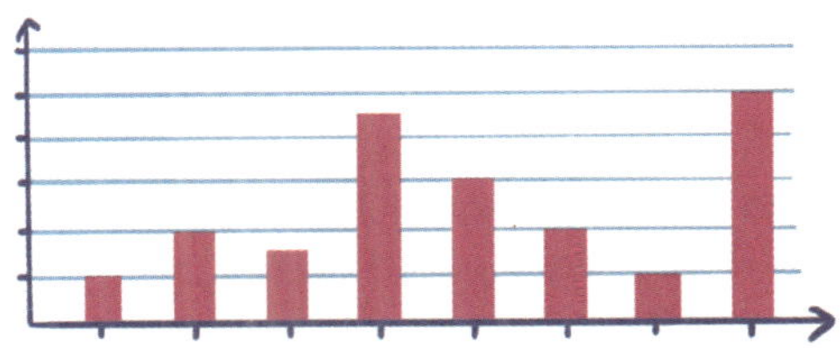

PROBABILITÉS

2e dé \ 1er dé	⚀	⚁	⚂	⚃	⚄	⚅
⚀	2	3	4	5	6	7
⚁	3	4	5	6	7	8
⚂	4	5	6	7		
⚃	5	6	7			
⚄						
⚅						

29 Calculer une quatrième proportionnelle

Vidéo hatier-clic.fr/21cm48

Deux grandeurs sont **proportionnelles** si les valeurs de l'une s'obtiennent en multipliant les valeurs de l'autre par un même nombre : le **coefficient de proportionnalité**.

Exemple Le tableau ci-dessous est un tableau de proportionnalité.

Masse de carottes (en kg)	3	4	7	20
Prix (en €)	4,50	6	x	y

$\times k$: Coefficient de proportionnalité

x, y : Quatrièmes proportionnelles à calculer

À l'aide du coefficient de proportionnalité

Méthode

1. **Calculer k** en divisant une valeur connue de la 2e ligne par sa valeur associée dans la 1re ligne.
2. **Multiplier par k** la valeur de la 1re ligne associée à la valeur cherchée.

Exemple

▸ Pour le tableau ci-dessus :

$$k = \frac{4{,}50}{3} = \frac{6}{4} = \text{……….}$$

▸ $x = 7 \times$ ………. $=$ ……….

et $y =$ ………. $\times$ ………. $=$ ……….

Ici, le coefficient de proportionnalité correspond au prix d'un kilogramme (prix unitaire).

À l'aide d'une combinaison linéaire

▸ Dans l'exemple ci-dessus :

- comme $7 = 3 + 4$, alors $x = 4{,}50 + 6 =$ ………. ;
- comme $20 = 4 \times 5$, alors $y = 6 \times$ ………. $=$ ……….

À l'aide de l'égalité des produits en croix

Si

a	c
b	d

est un tableau de proportionnalité, alors $a \times d = b \times c$, donc $d = \dfrac{b \times c}{a}$.

▸ Pour le tableau ci-dessus :

$$x = \frac{6 \times 7}{4} = \text{……….}$$

et $y = \dfrac{\text{……….} \times \text{……….}}{\text{……….}} =$ ……….

30 Représenter graphiquement une situation de proportionnalité

Deux **grandeurs proportionnelles** (➲ fiche 29) sont représentées graphiquement par des points alignés sur une **droite qui passe par l'origine** O du repère.

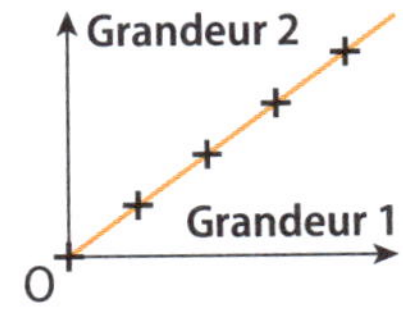

Exemple

Le périmètre $\mathscr{P}$ et l'aire $\mathscr{A}$ d'un carré sont donnés par les formules :

$$\mathscr{P} = 4 \times c \quad \text{et} \quad \mathscr{A} = c \times c = c^2.$$

On peut représenter ces grandeurs en fonction du côté c du carré :

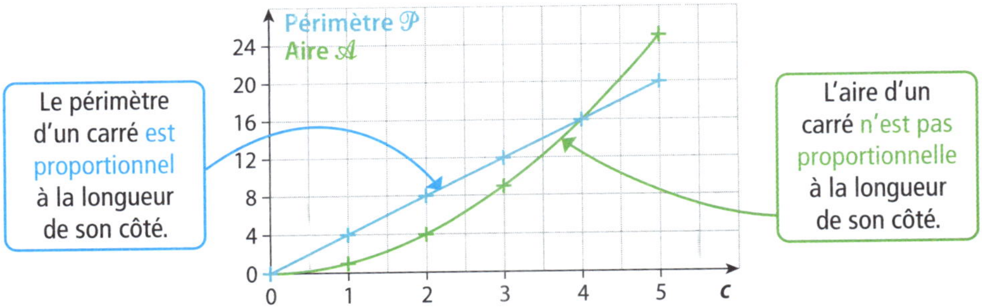

Je m'entraîne

	a. 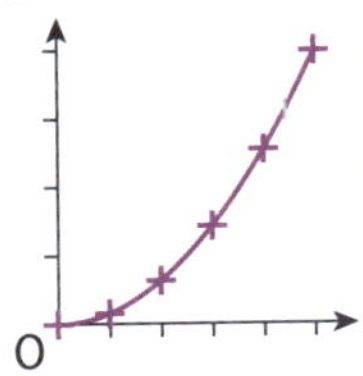	b. 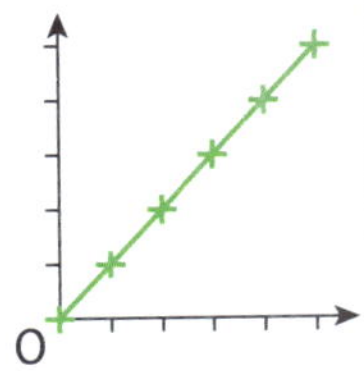	c. 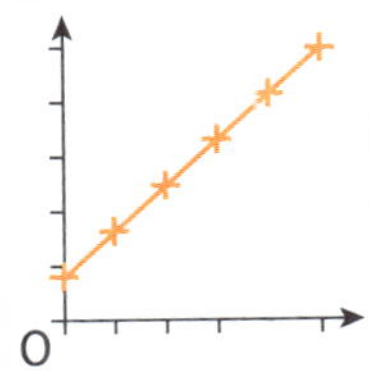	d. 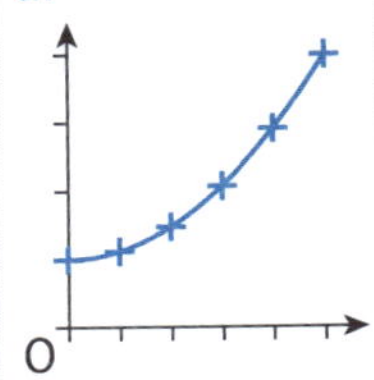
Points alignés ?	Non	....	....	....
Courbe passant par l'origine ?	....	Oui	....	....
Grandeurs proportionnelles ?	....	....	....	....

31 Utiliser les pourcentages

Un **pourcentage** est une **proportion** exprimée par rapport à 100.

Proportions	Aucun	Un quart	La moitié	Les trois quarts	Tout
Pourcentages correspondants	0 %	25 %	50 %	75 %	100 %

$\frac{1}{4} = \frac{25}{100} = 0{,}25$

Appliquer un pourcentage

Pour **calculer *t* % d'une quantité**, on multiplie cette quantité par $\frac{t}{100}$.

Exemple L'air est composé de 21 % de dioxygène et de 78 % de diazote.

- 8 L d'air contiennent donc $8 \times \frac{\dots\dots}{100} = \dots\dots$ L de dioxygène.
- 13 L d'air contiennent donc $\dots\dots \times \frac{\dots\dots}{\dots\dots} = \dots\dots$ L de diazote.

Déterminer un pourcentage

Pour **exprimer une proportion sous forme de pourcentage**, on cherche le numérateur d'une fraction de dénominateur 100 égale à cette proportion.

On peut utiliser un tableau de proportionnalité (➔ fiche 29).

Exemple En 2019, sur les 5,2 t d'emballages en plastique jetées en France, 1,35 t a été recyclée.

Masse d'emballages recyclés (en t)	1,35	x
Masse d'emballages jetés (en t)	5,2	100

$\frac{1{,}35}{5{,}2} = \frac{x}{100}$ donc $x = \frac{1{,}35 \times 100}{5{,}2} \approx 26$. Environ 26 % des emballages ont été recyclés.

Je m'entraîne

Une espèce (animale ou végétale) sur huit est aujourd'hui menacée d'extinction.

▸ Complète le tableau, puis exprime cette proportion sous forme de pourcentage.

Nombre d'espèces menacées d'extinction	…………	…………
Nombre total d'espèces	…………	…………

…………………………………………………………

32 Manipuler les ratios

Ratio de deux nombres

Deux nombres positifs a et b sont dans le **ratio** 2 : 3 si $\frac{a}{2} = \frac{b}{3}$.

Le tableau ci-dessous est alors un tableau de **proportionnalité** :

a	b
2	3

Et on a : $a \times 3 = b \times 2$ et $\frac{a}{b} = \frac{2}{3}$.

Ratio de trois nombres

Trois nombres positifs a, b et c sont dans le **ratio** 2 : 3 : 4 si $\frac{a}{2} = \frac{b}{3} = \frac{c}{4}$.

Le tableau ci-dessous est alors un tableau de **proportionnalité** :

a	b	c
2	3	4

Exemple

Les 10 éléments ci-dessous sont dans le ratio 2 : 3.
Sur chaque ligne de 5 éléments, on a 2 éléments violets pour 3 éléments bleus.

$a = \frac{2}{5} \times 10 = 4$

$b = \frac{3}{5} \times 10 = 6$

Partager une quantité selon un ratio

On veut préparer 4 L de cocktail **fraise-melon-pêche** selon un ratio 2 : 3 : 5.

La somme des nombres du ratio est 2 + 3 + 5 = 10. Il faut donc prévoir :

- $\frac{2}{10} \times 4 =$ .... L de jus de fraise ;
- $\frac{\dots\dots}{\dots\dots} \times$ .... = ... L de jus de melon ;
- $\frac{\dots\dots}{\dots\dots} \times$ .... = ... L de jus de pêche.

Vérification : la somme des trois volumes doit faire 4 L.

Utiliser un ratio

La largeur ℓ et la hauteur h d'un écran, qui compte 3 840 pixels sur sa largeur, respectent le ratio 16 : 9. Ainsi, $\frac{3\,840}{16} = \frac{h}{9}$. Sur sa hauteur, cet écran compte :

$h = \frac{\dots\dots \times \dots\dots}{\dots\dots} =$ .... pixels.

33 Décrire une évolution

Déterminer un coefficient multiplicateur

Valeur initiale I → **Coefficient multiplicateur** $k = \frac{F}{I}$ → Valeur finale F

Si $k > 1$ la grandeur augmente ; si $k < 1$, elle diminue.

Exemple
Entre 1905 et 2020, le nombre d'habitants en France est passé de 41 050 000 à 67 850 000. Le coefficient multiplicateur correspondant est $k = \frac{67\,850\,000}{41\,050\,000} \approx 1{,}65$.

Appliquer un pourcentage d'évolution

➔ Fiche 31

Réduire une grandeur de t % ($-t$ %)

C'est la multiplier par $k = 1 - \frac{t}{100}$.

Exemple Un tee-shirt qui coûte 15 € est affiché à – 25 %.
Son nouveau prix est :

$$15 \times \left(1 - \frac{25}{100}\right) = 15 \times 0{,}75 = 11{,}25 \text{ €}$$

Augmenter une grandeur de t % ($+t$ %)

C'est la multiplier par $k = 1 + \frac{t}{100}$.

Exemple Une action boursière qui vaut 4,15 € augmente de 3 %.
Sa nouvelle valeur est :

$$4{,}15 \times \left(1 + \frac{3}{100}\right) = 4{,}15 \times 1{,}03 \approx 4{,}27 \text{ €}$$

Je m'entraîne

1. Mila a acheté sa voiture 14 500 €. Elle la revend 2 ans plus tard à 11 600 €.
Calcule le coefficient multiplicateur k du prix de la voiture de Mila.

....

2. a. Augmenter un prix de 20 %, c'est le multiplier par ....

b. Diminuer un prix de 5 %, c'est le multiplier par ....

c. Le taux de rémunération annuel du livret A est 0,50 %.
Calcule le montant M de l'épargne de Maé s'il place 10 000 € pendant 1 an.

....

34 Représenter la dépendance entre deux grandeurs

Dépendance entre deux grandeurs

Deux grandeurs sont **dépendantes** si **l'une varie en fonction de l'autre.**

Exemple Le périmètre $\mathcal{P}$ d'un carré dépend de la longueur c de son côté.

Cette dépendance se traduit par :

un tableau de valeurs

c	1	2	3	4
$\mathcal{P}$	4	8	12	16

une formule

$\mathcal{P} = 4 \times c$

un graphique

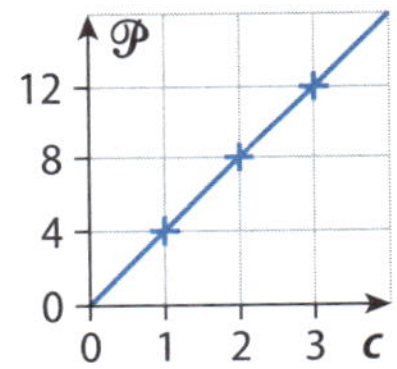

Utiliser une formule pour construire un graphique

La distance de freinage d_f d'un véhicule dépend notamment de sa vitesse v.

Sur route sèche, on peut en estimer un ordre de grandeur grâce à la formule :

$$d_f = \frac{v^2}{200}$$ avec d_f en m et v en km/h.

v (en km/h)	0	10	20	30	50	70	90	110	130
d_f (en m)	0	0,5	2	....	....	....	....	....	....

$\frac{10^2}{200} = 0,5$

À toi de compléter le tableau, puis le graphique !

La grandeur dépendante est représentée sur l'axe des ordonnées.

Chaque colonne du tableau donne les coordonnées d'un point.

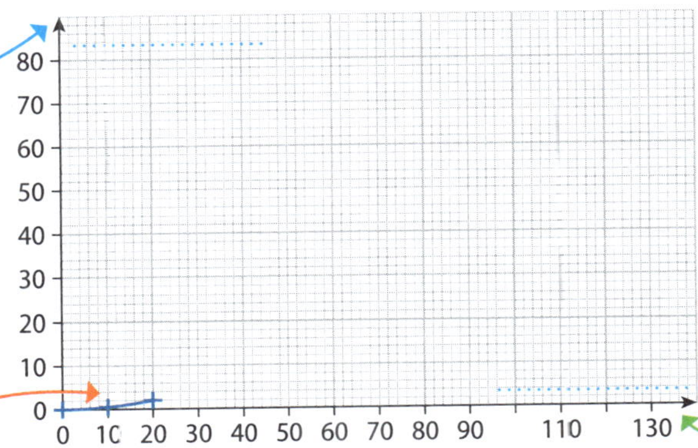

La variable est représentée sur l'axe des abscisses.

35 Déterminer une image et des antécédents par une fonction

Vidéo
hatier-clic.fr/21cm54

Antécédent x → Fonction f → Image $y = f(x)$

Une fonction est définie par une **expression**, un **tableau de valeurs** ou une **représentation graphique**.

Calculer une image avec l'expression

Exemple L'expression de la fonction f qui associe à tout nombre x le nombre $x^2 + 1$ est $f(x) = x^2 + 1$; on note aussi $f : x \mapsto x^2 + 1$.

Méthode

1. Remplacer x par sa valeur dans l'**expression** de la fonction.
2. En répétant le calcul pour différentes valeurs de x, on obtient un **tableau de valeurs**.

Exemple

$f(-2) = (-2)^2 + 1 = 4 + 1 = 5$

$f(-1) = (\ldots\ldots)^2 + 1 = \ldots\ldots + 1 = \ldots\ldots$

$f(0) = \ldots\ldots = \ldots\ldots = \ldots\ldots$

$f(1) = \ldots\ldots = \ldots\ldots = \ldots\ldots$

$f(2) = \ldots\ldots = \ldots\ldots = \ldots\ldots$

x	-2	-1	0	1	2	← antécédents
$f(x)$	5	……	……	……	……	← images

Lire graphiquement une image ou des antécédents

Dans un repère, la **représentation graphique** d'une fonction f est l'ensemble des points de coordonnées $(x\,;f(x))$ (➲ fiche 67).

L'**image** se lit sur l'**axe des ordonnées**.

Les **antécédents** se lisent sur l'**axe des abscisses**.

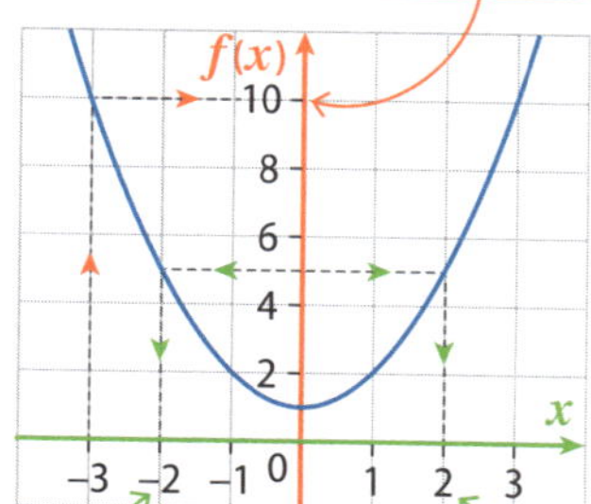

Je m'entraîne

a. L'image de 3 par f est ....

b. L'image de 0 par f est ....

c. 2 a deux antécédents par f : .... et ....

36 Déterminer les coefficients d'une fonction affine ou linéaire

Reconnaître une fonction affine

Vidéo
hatier-clic.fr/21cm55

a et b désignent des nombres, appelés coefficients.

Fonction affine	Fonction linéaire
$f(x) = ax + b$	$f(x) = ax$

La représentation graphique de f est une **droite** (d).

Une **fonction linéaire** est un cas particulier de fonction affine, pour laquelle $b = 0$: la droite (d) passe alors par l'origine du repère.

Une fonction linéaire modélise une situation de proportionnalité (➔ **fiche 30**).

Déterminer graphiquement les coefficients

b est l'**ordonnée à l'origine** de (d). Il correspond à l'ordonnée du point d'intersection de (d) avec l'axe des ordonnées.

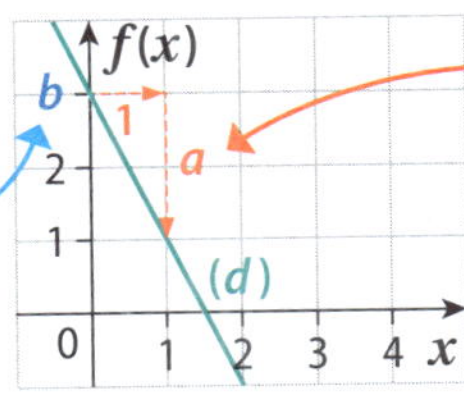

a est le **coefficient directeur**. Il correspond à la variation de $f(x)$ quand x augmente de 1.

Exemple

Pour la droite (d) ci-dessus, $a = -2$ et $b = 3$. Donc $f(x) = -2x + 3$.

Je m'entraîne

a. Entoure en rouge les expressions de fonctions affines et en vert celles de fonctions linéaires.

$f(x) = 4x + 5$ $\quad g(x) = 4x$ $\quad h(x) = 4x(x + 5)$

$k(x) = \sqrt{4x + 5}$ $\quad \ell(x) = 4x^2 + 5$ $\quad m(x) = 4x \times 5$

b. Complète le tableau d'après le graphique ci-contre.

Droite	Coefficient directeur	Ordonnée à l'origine	Expression de la fonction
(d_1)	....	....	$f(x) =$ ....
(d_2)	....	....	$g(x) =$ ....

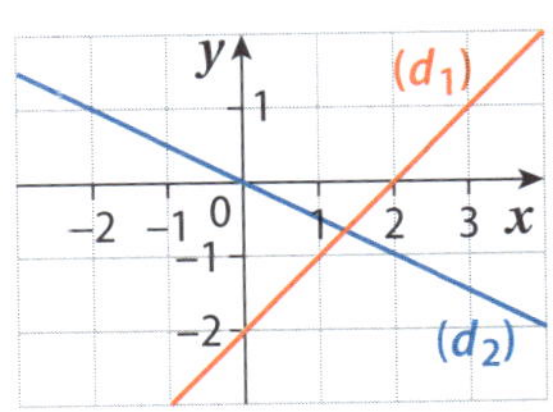

37 Calculer une moyenne

Calculer une moyenne « simple »

Méthode

1. **Déterminer l'effectif total de la série**, c'est-à-dire le nombre total de données.
2. **Appliquer la formule :**

$$\text{moyenne} = \frac{\text{somme des valeurs}}{\text{effectif total}}$$

Exemple

Voici une série de données :

9 • 6 • 1 • 4 • 8 • 9 • 6 • 6 • 4 • 4

▸ La série compte 10 données.

▸ La moyenne de cette série est :

$$\frac{9+6+1+4+8+9+6+6+4+4}{10} = 5,7$$

Calculer une moyenne pondérée

Si les données sont présentées dans un tableau associant à chaque valeur l'effectif correspondant, on a :

Valeur	1	4	6	8	9
Effectif	1	3	3	1	2

$$\text{moyenne pondérée} = \frac{\text{somme des produits des valeurs par leurs effectifs}}{\text{effectif total}}$$

▸ La moyenne de la série ci-dessus est $\frac{1\times1+4\times3+6\times3+8\times1+9\times2}{1+3+3+1+2} = 5,7$.

Calculer une moyenne avec des classes

Les données peuvent être regroupées en classes :

Classe	$0 \leqslant n < 2$	$2 \leqslant n < 4$	$4 \leqslant n < 6$	$6 \leqslant n < 8$	$8 \leqslant n < 10$
Centre	1	3	5	7	9
Effectif	1	0	3	3	3

Le **centre d'une classe** est égal à la moyenne des valeurs extrêmes de cette classe.

La moyenne se détermine alors comme une moyenne pondérée, en prenant comme valeurs les centres des classes.

▸ La moyenne de la série ci-dessus est $\frac{1\times1+3\times0+5\times3+7\times3+9\times3}{1+0+3+3+3} = 6,4$.

Je m'entraîne

Calcule la moyenne de cette série de données.

....

Valeur	2	4	5	7
Effectif	2	3	4	3

38 Déterminer une médiane, une étendue

Vidéo hatier-clic.fr/21cm57

Déterminer une médiane

La **médiane** d'une série de **données ordonnées** est une valeur qui partage la série en deux séries de même effectif.

Au moins la moitié des valeurs sont inférieures ou égales à la médiane.
Au moins la moitié des valeurs sont supérieures ou égales à la médiane.

Méthode

1. **Ordonner les données**, c'est-à-dire les ranger par ordre croissant.
2. **Déterminer la médiane** selon l'effectif total de la série.

L'effectif total est impair

La médiane est la valeur centrale de la série.

L'effectif total est pair

La médiane est entre les deux valeurs centrales de la série ; on prend, par convention, la moyenne de ces deux valeurs.

Exemple 1

4 • 8 • 9 • 6 • 6 • 4 • 1

▸ En ordonnant on obtient :

1 • 4 • 4 • (6) • 6 • 8 • 9

3 données — médiane — 3 données

La médiane de la série est 6.

Exemple 2

5 • 2 • 4 • 7 • 4 • 7 • 10 • 2

▸ En ordonnant on obtient :

2 • 2 • 4 • (4 • 5) • 7 • 7 • 10

3 données — médiane — 3 données

$(4+5) \div 2 = 9 \div 2 = 4{,}5$

La médiane de la série est 4,5.

Calculer une étendue

étendue = valeur maximale – valeur minimale

▸ Pour la série de l'**exemple 1** ci-dessus, l'étendue est $9 - 1 = 8$.

Je m'entraîne

Voici une série : 12 • 8 • 15 • 14 • 10 • 5 • 18 • 10 • 9 • 16

a. Détermine sa médiane.

....

....

b. Détermine son étendue.

....

....

39 Lire et construire un diagramme en bâtons, un histogramme

➲ Fiche 11

Diagramme en bâtons

Dans un diagramme en bâtons, la **hauteur** d'un bâton est **proportionnelle à l'effectif** de la valeur qu'il représente.

Je m'entraîne

Le tableau donne les notes des élèves à une interrogation de mathématiques.

Note	1	2	3	4	5	6	7	8	9	10
Effectif	1	1	2	3	4	4	3	2	3	2

▸ Poursuis la construction du diagramme en bâtons.

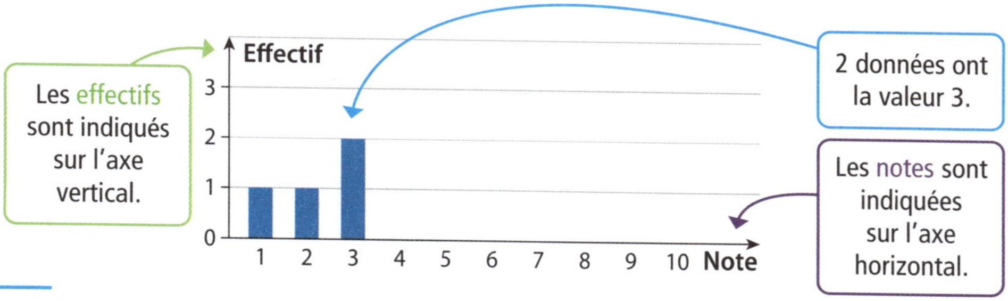

Histogramme

Un histogramme permet de représenter des données regroupées en **classes**. L'**aire** de chaque rectangle est **proportionnelle à l'effectif** de la classe qu'il représente.

Je m'entraîne

Le tableau donne les tailles des élèves, regroupées en classes d'amplitude 0,1.

▸ Poursuis la construction de l'histogramme.

Taille t (en m)	Effectif
$1{,}35 \leqslant t < 1{,}45$	2
$1{,}45 \leqslant t < 1{,}55$	5
$1{,}55 \leqslant t < 1{,}65$	8
$1{,}65 \leqslant t < 1{,}75$	7
$1{,}75 \leqslant t < 1{,}85$	3

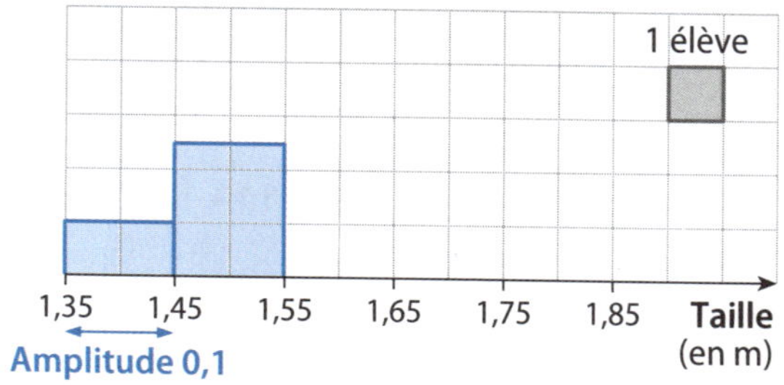

40 Lire et construire un diagramme circulaire

➲ Fiche 11

Dans un diagramme circulaire, la **mesure de l'angle** de chaque secteur circulaire est **proportionnelle à l'effectif** de la valeur qu'il représente.

Méthode

Pour calculer la mesure de l'angle de chaque secteur :

1. calculer l'**effectif total** ;
2. cet effectif total correspond à l'**angle du disque complet**, donc à un angle de **360°** ;
3. calculer la mesure de l'angle correspondant à l'effectif souhaité en utilisant la **proportionnalité** (➲ fiche 29).

Exemple

Le tableau donne la répartition de la population mondiale par continent en 2020.

Continent	Population mondiale	Angle du secteur
Afrique	17,2 %	61,9°
Amérique	13,1 %	....
Antarctique	0,0 %	....
Asie	59,6 %	....
Europe	9,6 %	....
Océanie	0,5 %	....
Total	100,0 %	360°

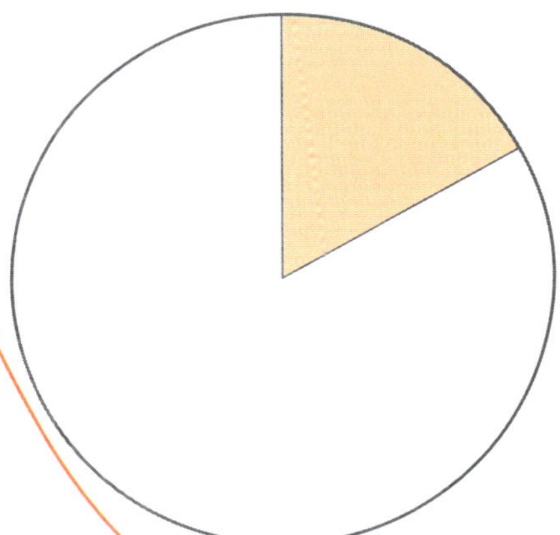

1. La **somme** des pourcentages vaut 100 %.

2. 100 % correspond à un angle de 360°. Le **coefficient de proportionnalité** entre les effectifs et les angles est $\frac{360}{100} = 3{,}6$.

3. L'angle correspondant au secteur « Afrique » vaut $17{,}2 \times 3{,}6 \approx 61{,}9°$ (ou $\frac{17{,}2 \times 360}{100} \approx 61{,}9°$).

41 Calculer la probabilité d'un évènement

Expérience aléatoire : vocabulaire

Une **expérience aléatoire** est une expérience dans laquelle le résultat est le fruit du **hasard**.

▸ Le lancer d'un dé non truqué à 6 faces est une expérience ....

Les **résultats possibles** d'une expérience aléatoire sont appelés **issues**.

▸ Les issues de cette expérience sont ....

Un **évènement** E est constitué de zéro, une ou plusieurs issues. Selon le résultat de l'expérience, il est **réalisé ou non**.

▸ A : « obtenir un nombre pair » est un .... ; il est constitué des issues ....

Des évènements **équiprobables** ont la **même probabilité** d'être réalisés.

▸ Les issues de l'expérience ci-dessus sont ....

Probabilité d'une issue, d'un évènement

Une probabilité est un **nombre compris entre 0 et 1**.
Elle peut être exprimée par une fraction, un nombre décimal ou un pourcentage.

Expérience à *n* issues équiprobables

La probabilité de chaque issue est $\frac{1}{n}$.

▸ La probabilité de chaque issue de l'expérience ci-dessus est $\frac{\dots\dots}{\dots\dots}$, soit environ .... ou ....%.

Remarque

La **somme des probabilités** de toutes les issues d'une expérience aléatoire est égale à 1 ou 100 %.

Probabilité P(E) d'un évènement E

P(E) est égale à la **somme des probabilités des issues** qui réalisent E.

- Si toutes les issues de l'expérience sont **équiprobables** :

$$\mathbf{P(E)} = \frac{\textbf{nombre d'issues de l'évènement}}{\textbf{nombre total d'issues}}$$

▸ Pour B : « obtenir 5 ou 6 », $P(B) = \frac{\dots\dots}{\dots\dots} = \frac{\dots\dots}{\dots\dots} \simeq \dots\dots\dots$.

- **Évènement contraire $\overline{E}$** : $\mathbf{P(\overline{E}) = 1 - P(E)}$

▸ L'évènement contraire de B est $\overline{B}$: « ne pas obtenir 5 ou 6 » ou « obtenir 1 ; 2 ; 3 ou 4 ».

$$P(\overline{B}) = 1 - \frac{\dots\dots}{\dots\dots} = \frac{\dots\dots}{\dots\dots} \simeq \dots\dots\dots$$

42 Calculer une probabilité avec un tableau à double entrée

Vidéo
hatier-clic.fr/21cm61

Un **tableau à double entrée** permet d'étudier une **expérience aléatoire à deux épreuves**, c'est-à-dire la succession de deux expériences aléatoires.

Méthode

1. **Indiquer les issues possibles de la 1re expérience** en 1re ligne du tableau.
2. **Indiquer les issues possibles de la 2de expérience** en 1re colonne du tableau.
3. **Compléter les** cases des issues de l'expérience à deux épreuves en combinant chaque issue de la 1re expérience avec chaque issue de la 2de.
4. **Calculer les probabilités** des différents évènements E étudiés :

$$P(E) = \frac{\text{nombre d'issues qui réalisent l'évènement E}}{\text{nombre total d'issues}}$$

Exemple

On lance deux fois de suite un dé numéroté à 4 faces non truqué.

1er résultat / 2nd résultat	1	2	3	4
1	(1 ; 1)	....	....	....
2	(1 ; 2)	....	....	....
3	(1 ; 3)	....	....	....
4	(1 ; 4)	....	....	....

4 issues possibles du 1er lancer

4 issues possibles du 2nd lancer

L'issue (**1** ; **4**) correspond à « obtenir 1 au 1er lancer » et « obtenir 4 au 2nd lancer ».

Il y a au total $4 \times 4 =$ .... issues **équiprobables**.

- La probabilité d'obtenir l'évènement (1 ; 1) vaut $\frac{\dots}{16}$.
- A : « obtenir deux numéros identiques » est réalisé par .... issues : .... Donc $P(A) = \frac{\dots}{16} = \frac{\dots}{\dots}$.
- B : « obtenir deux numéros dont la somme est 3 » est réalisé par .... issues : .... Donc $P(B) = \frac{\dots}{\dots} = \frac{\dots}{\dots}$.

Partie 4 GRANDEURS

ÉCHELLES

CONVERSIONS D'UNITÉS

Dico maths
hatier-clic.fr/21cm01

Cartes mentales
Versions imprimables et interactives
hatier-clic.fr/21cm03

FORMULES

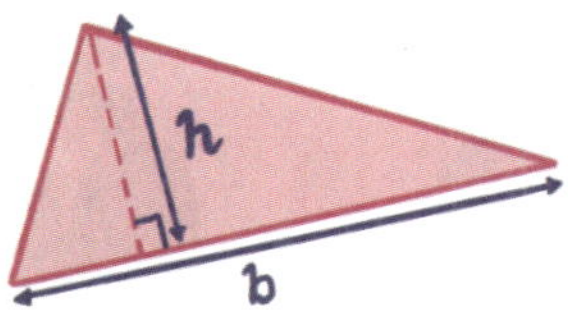

$\mathcal{A} = \frac{b \times h}{2}$

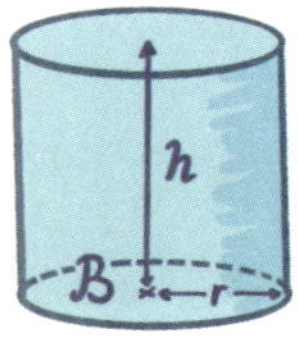

$\mathcal{V} = \pi \times r^2 \times h$

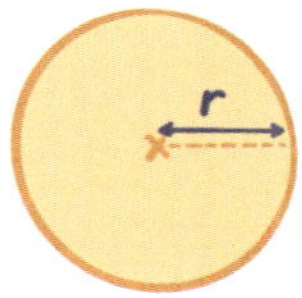

$\mathcal{P}_{cercle} = 2 \times \pi \times r$

$\mathcal{A}_{disque} = \pi \times r^2$

$\mathcal{V} = l \times L \times h$

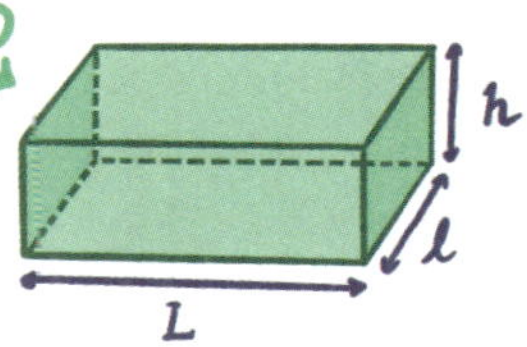

AGRANDISSEMENT, RÉDUCTION

43 Calculer des longueurs avec une échelle

Dans une représentation (carte, maquette, vue au microscope, etc.), les longueurs représentées et les longueurs réelles sont **proportionnelles** (➔ fiche 29).
Le coefficient de proportionnalité est appelé « échelle ».

Les longueurs doivent être exprimées dans la même unité.

$$\text{Échelle} = \frac{\text{longueur représentée}}{\text{longueur réelle}}$$

Échelle < 1

La représentation est une **réduction**.

Exemple Représentation de la France à l'échelle 1/40 000 000.

1 cm sur la carte représente 40 000 000 cm = 400 km en réalité.

Échelle > 1

La représentation est un **agrandissement**.

Exemple Photographie de bactéries à l'échelle 10 000.

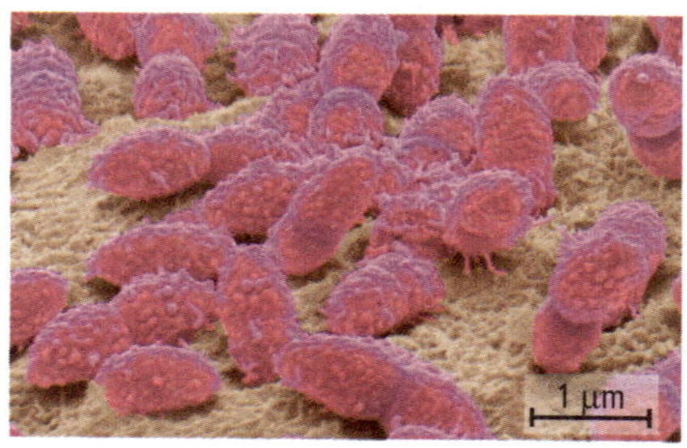

Je m'entraîne

a. Sur un plan, l'échelle est 1/500.
Détermine la distance réelle représentée par une longueur de 3,8 cm sur ce plan.

Longueurs représentées (en cm)	1	3,8
Longueurs réelles (en cm)	500	....

b. Sur une œuvre de *street art*, une abeille a été représentée avec une longueur de 1,96 m, alors qu'en réalité elle ne mesure que 1,4 cm.
Détermine l'échelle de cette œuvre.

....

....

....

....

44 Convertir des durées

Une **durée** correspond au temps écoulé entre le début et la fin d'un évènement. Elle s'exprime notamment en jours, heures, minutes et/ou secondes.

Jour $\underset{\div 24}{\overset{\times 24}{\rightleftarrows}}$ Heure $\underset{\div 60}{\overset{\times 60}{\rightleftarrows}}$ Minute $\underset{\div 60}{\overset{\times 60}{\rightleftarrows}}$ Seconde

Convertir en une unité plus petite

Méthode

On effectue une ou plusieurs multiplications.

Exemple

▸ 5 h 36 min $= 5 \times 60$ min + 36 min
$= 300$ min + 36 min
$= 336$ min

Convertir en une unité plus grande

On effectue une ou plusieurs divisions.

▸ 5 h 36 min $= 5$ h + $(36 \div 60)$ h
$= 5$ h + 0,6 h
$= 5{,}6$ h

Convertir en plusieurs unités appropriées

Exemple Convertir une durée en minutes en une durée en heures et minutes.

On effectue une ou plusieurs divisions euclidiennes (➲ fiche 14).

▸ 469 min $= 7 \times 60$ min + 49 min
$= 7$ h 49 min

Remarque On peut utiliser la fonction division euclidienne de la calculatrice (➲ page II) pour obtenir le cuotient et le reste.

Je m'entraîne

a. 7 h 27 min = 7 × .... min + 27 min = ... min + 27 min = ... min

b. 7 h 27 min = 7 h + ... h = 7 h + ... h = ... h

c. 2 262 s = ... × 60 s + ... s = ... min .... s

45 Convertir des longueurs, des aires, des volumes

Vidéo
hatier-clic.fr/21cm66

Convertir des longueurs

L'unité de longueur du système international (SI) est le mètre (m). Pour les conversions, on utilise un tableau avec ses multiples et sous-multiples.

Remarque Le principe est le même pour convertir d'autres grandeurs simples, par exemple les masses ou les contenances.

Méthode

1. Placer le chiffre des unités dans la colonne de l'**unité initiale**.
2. Positionner les autres chiffres de part et d'autre.
3. Compléter avec des 0 et/ou déplacer la virgule jusqu'à la colonne de l'**unité finale**, puis lire le résultat.

Exemple

Convertir 31,7 cm en m.

- On place 1 dans la colonne des **cm**.
- On place 3 dans la colonne des dm et 7 dans la colonne des mm.
- On ajoute un zéro dans la colonne des **m** et on place la virgule derrière.

31,7 cm = 0,317 m

km	hm	dam	m	dm	cm	mm
			0,	3	1	7

Je m'entraîne

Effectue les conversions.

Tu peux utiliser le tableau ci-dessous.

a. 880 dam = ... hm

b. 12 m = ... cm

c. 73 cm = ... m

d. 448 mm = ... dm

Tu peux aussi utiliser directement les puissances de 10 (➔ **fiche 21**).
Par exemple,
1 m = 10^2 cm, 1 mm = 10^{-3} m, etc.

km	hm	dam	m	dm	cm	mm

Convertir des aires

L'unité d'aire du système international est le mètre carré (m^2).

On procède comme pour les longueurs, mais le tableau de conversions compte deux colonnes pour chaque multiple ou sous-multiple.

Convertir 9,5 m^2 en cm^2.

▸ On place 9 dans la colonne de droite des m^2.
On place 5 dans la colonne qui suit.
On ajoute des 0 et on déplace la virgule jusqu'à la colonne de droite des cm^2.

$9,5\ m^2 = 95\ 000\ cm^2$

km^2		hm^2		dam^2		m^2		dm^2		cm^2		mm^2	
							9	5	0	0	0		

Convertir des volumes

L'unité de volume du système international est le mètre cube (m^3).
Pour exprimer un volume, on utilise aussi les unités de contenances.

- **Pour convertir des volumes**, on procède comme pour les longueurs, mais le tableau de conversions compte trois colonnes pour chaque multiple ou sous-multiple.
- **Pour convertir des volumes en contenances** (et vice versa), on utilise le fait que **1 L = 1 dm^3**.

▸ **Convertir 31,7 cm^3 en m^3.**
On place 1 dans la colonne de droite des cm^3, puis 3 et 7 dans les colonnes de part et d'autre. On ajoute des 0 et on déplace la virgule jusqu'à la colonne de droite des m^3.

$31,7\ cm^3 = 0,000\ 031\ 7\ m^3$

▸ **Convertir 31,7 m^3 en L.**

$31,7\ m^3 = 31\ 700\ dm^3 = 31\ 700\ L$

km^3			hm^3			dam^3			m^3			dm^3			cm^3			mm^3		
														L	dL	cL	mL			
											0,	0	0	0	0	3	1	7		
										3	1	7	0	0						

Je m'entraîne

Effectue les conversions.

a. $3,75\ dm^2 =$ .... cm^2

b. $773\ hm^2 =$ .... km^2

c. $95,2\ hm^3 =$ .... dam^3

d. $5\ 610\ dm^3 =$ .... m^3

e. $61\ 000\ mm^3 =$ .... mL

f. $0,440\ 01\ dam^3 =$ L

46 Calculer avec des grandeurs composées

Vidéo
hatier-clic.fr/21cm68

Grandeur quotient

Elle s'obtient en effectuant le quotient de deux grandeurs.

Exemples
La vitesse (en km/h), la masse volumique (en g/L), le débit (en m^3/s), etc.

Grandeur produit

Elle s'obtient en effectuant le produit de deux grandeurs.

Exemples
L'énergie (en kW·h), l'aire (en m^2), etc.

Une grandeur quotient : la vitesse moyenne

$$v = \frac{d}{t}$$

- vitesse en km/h ou m/s → v
- distance en km ou m → d
- durée en h ou s → t

Remarques
- km/h se lit « kilomètres par heure ». On note aussi $km{\cdot}h^{-1}$.
- Pour convertir des m/s en km/h, on multiplie par 3,6, car 1 m/s = 3 600 m/h = 3,6 km/h (➲ fiches 44 et 45).
  (×3 600 ; ÷1 000)

Exemples

• Le Maglev, train magnétique japonais, pourra parcourir 1 809 km en 3 h.
Sa vitesse moyenne sera :

$$v = \frac{d}{t} = \frac{\dots\dots}{\dots\dots} = \dots\dots \text{ km/h} = \dots\dots \text{ m/s}$$

• L'avion hypersonique Hexafly atteindra la vitesse de 9 878 km/h. En 3 min, il pourra parcourir la distance :

$$d = v \times t = \dots\dots \times \frac{\dots\dots}{60} = \dots\dots \text{ km}$$

Si $v = \frac{d}{t}$, alors $d = v \times t$ et $t = \frac{d}{v}$.

Une grandeur produit : l'énergie électrique

$$E = P \times t$$

- énergie électrique en kW·h ou W·h → E
- puissance en kW ou W → P
- durée en h → t

Exemple L'énergie consommée en 24 h par un réfrigérateur de puissance 200 W est :
$E = \dots\dots \times \dots\dots = \dots\dots \times \dots\dots = \dots\dots$ W·h

47 Calculer des périmètres et des aires

Le **périmètre** d'une figure correspond à la longueur de son contour.

L'**aire** d'une figure correspond à la mesure de sa surface intérieure.

Avec un quadrillage

Le périmètre de la figure ci-contre vaut :

$\mathcal{P}$ = ... = ... u.l.

L'aire de la figure ci-contre vaut :

$\mathcal{A}$ = ... u.a.

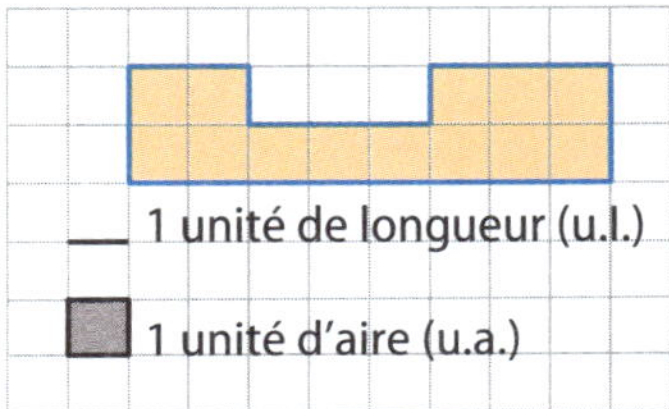

Avec des formules

Carré et rectangle

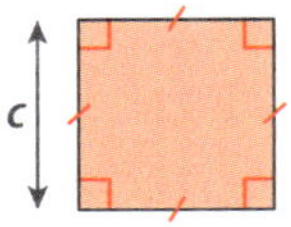

$\mathcal{P} = 4c$

et $\mathcal{A} = c \times c = c^2$

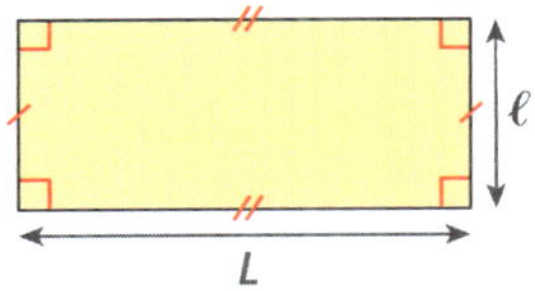

$\mathcal{P} = 2L + 2\ell = 2(L + \ell)$

et $\mathcal{A} = L \times \ell$

Cercle et disque

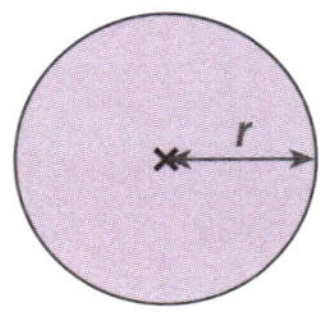

$\mathcal{P} = 2\pi r$

et $\mathcal{A} = \pi r^2$

Triangle rectangle et triangle quelconque

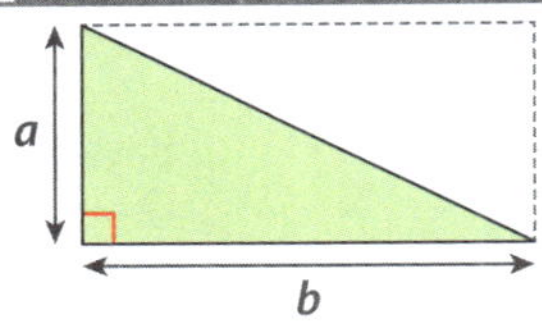

$\mathcal{A} = \dfrac{a \times b}{2}$

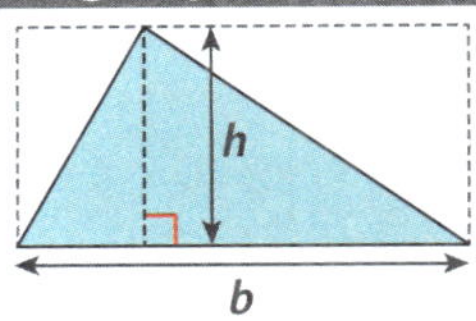

$\mathcal{A} = \dfrac{b \times h}{2}$

Toutes les longueurs doivent être exprimées dans la même unité. Si les longueurs sont exprimées en m, alors le périmètre sera en m et l'aire en m².

Je m'entraîne

a. Pour un rectangle de longueur 5 cm et de largeur 3 cm :

$\mathcal{P}$ = ... = ... $\mathcal{A}$ = ... = ...

b. Pour un disque de rayon 4 cm :

$\mathcal{P}$ = ... = ... ≈ .... $\mathcal{A}$ = ... = ... ≈ ....

48 Calculer des volumes

Pavé droit

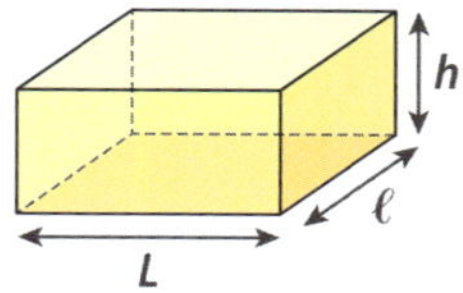

$\mathcal{V} = L \times \ell \times h$

Si les faces sont des carrés de côté c,
alors on obtient un cube et on a $\mathcal{V} = c \times c \times c = c^3$.

Boule

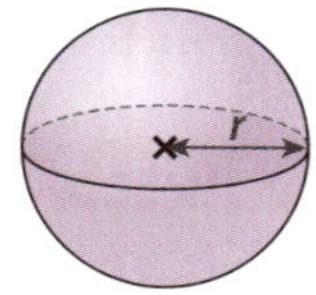

$\mathcal{V} = \dfrac{4}{3} \times \pi \times r^3$

Prisme droit et cylindre de révolution

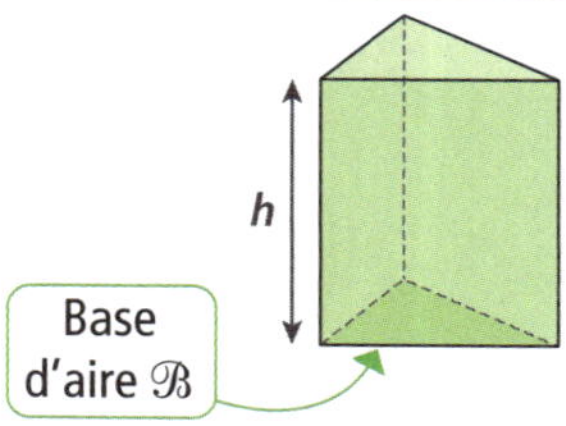

$\mathcal{V} = \mathcal{B} \times h$

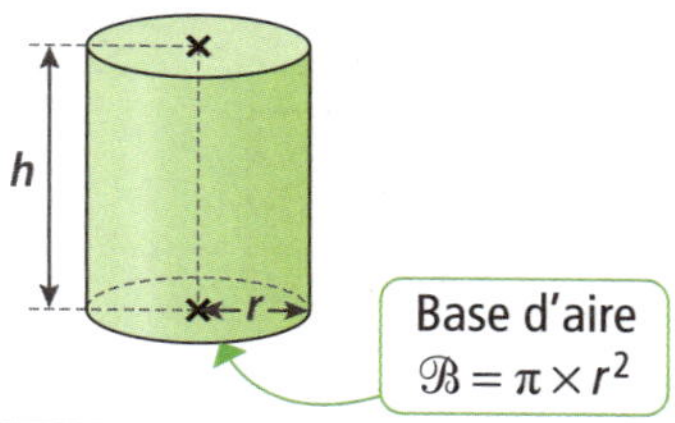

Pyramide et cône de révolution

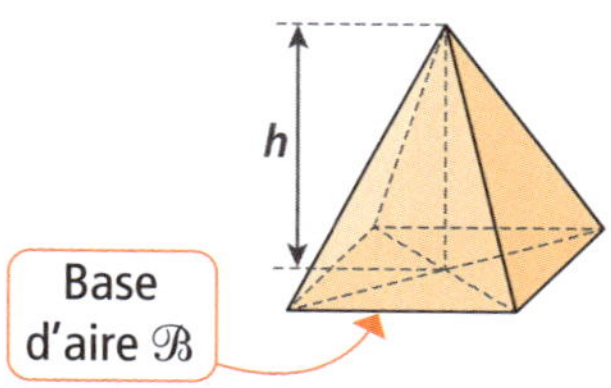

$\mathcal{V} = \dfrac{1}{3} \times \mathcal{B} \times h$

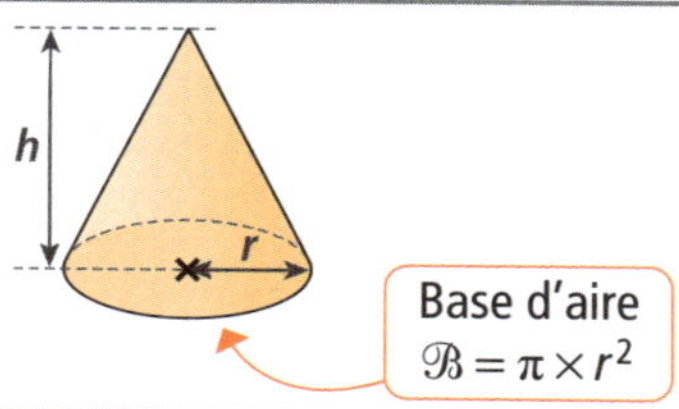

Je m'entraîne

a.

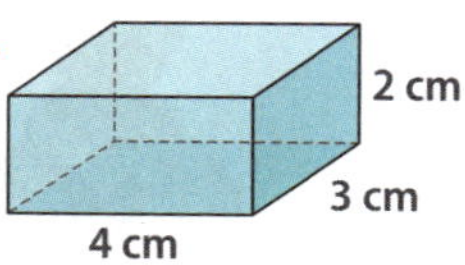

$\mathcal{V} =$ ....

$=$ ....

b.

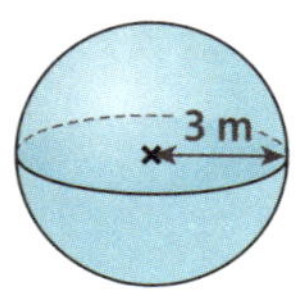

$\mathcal{V} =$ ....

$=$ ....

$\approx$ ....

c.

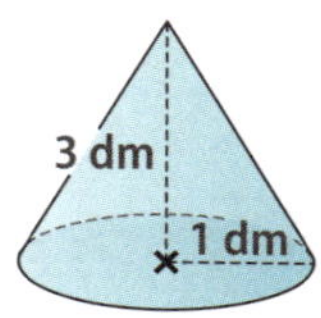

$\mathcal{V} =$ ....

$=$ ....

$\approx$ ....

49 Connaître l'effet des transformations

Agrandissement et réduction

On peut agrandir ou réduire une figure en multipliant ses longueurs par un rapport $k > 0$.

Si $0 < k < 1$, c'est une réduction ; si $k > 1$, c'est un agrandissement.

Les longueurs sont multipliées par $k > 0$

Périmètre $\mathcal{P}$	Aire $\mathcal{A}$	Volume $\mathcal{V}$
Il est multiplié par k.	Elle est multipliée par k^2.	Il est multiplié par k^3.

Exemples

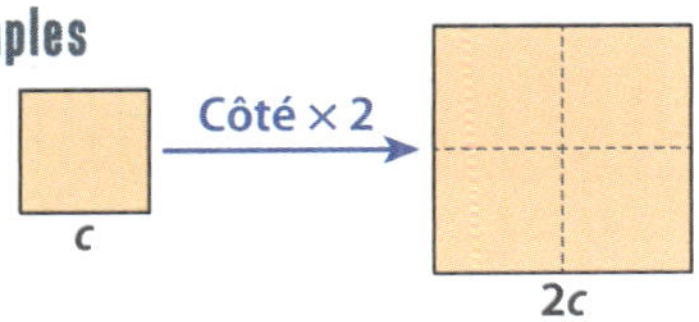

$\mathcal{P}_1 = 4c$ ▶ $\mathcal{P}_2 = 4 \times 2c = 8c = 2 \times \mathcal{P}_1$

$\mathcal{A}_1 = c^2$ ▶ $\mathcal{A}_2 = (2c)^2 = 4c^2 = 2^2 \times \mathcal{A}_1$

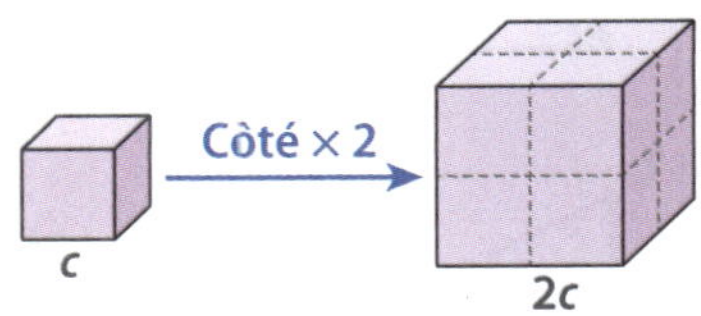

$\mathcal{V}_1 = c^3$ ▶ $\mathcal{V}_2 = (2c)^3 = 8 \times c^3$

$\mathcal{V}_2 = 2^3 \times \mathcal{V}_1$

Je m'entraîne

a. On multiplie par trois la longueur et la largeur d'un rectangle d'aire 21 cm^2. L'aire du nouveau rectangle est ....

b. Une boule a pour volume 12 dm^3. Le volume d'une réduction de rapport 0,5 de cette boule est ....

Effets des transformations usuelles

➔ Fiches 62 à 66

Vidéos hatier-clic.fr/21cm71

Grandeur \ Transformation	Symétrie axiale, symétrie centrale, rotation et translation	Homothétie de rapport k
Longueurs et périmètre	Conservés	Multipliés par k si $k > 0$ ou $-k$ si $k < 0$
Angles	Conservés	Conservés
Alignements	Conservés	Conservés
Aire	Conservée	Multipliée par k^2

Partie 5

ESPACE

TRIANGLES ET QUADRILATÈRES

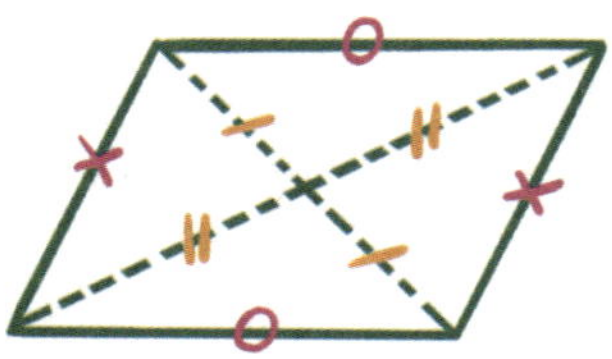

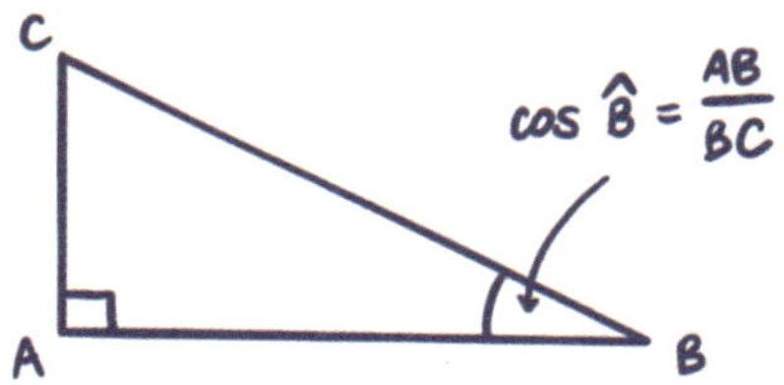

DÉMONSTRATION

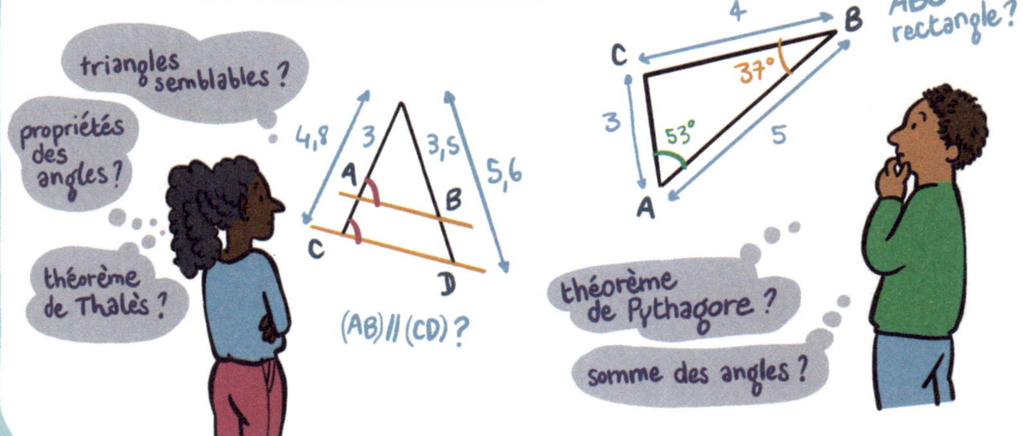

TRANSFORMATIONS

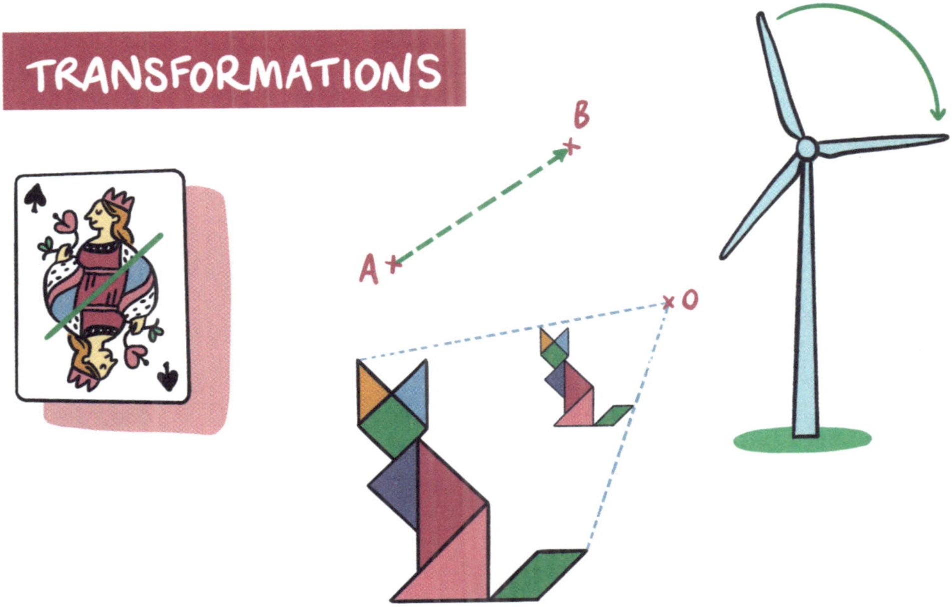

REPÉRAGE DANS L'ESPACE

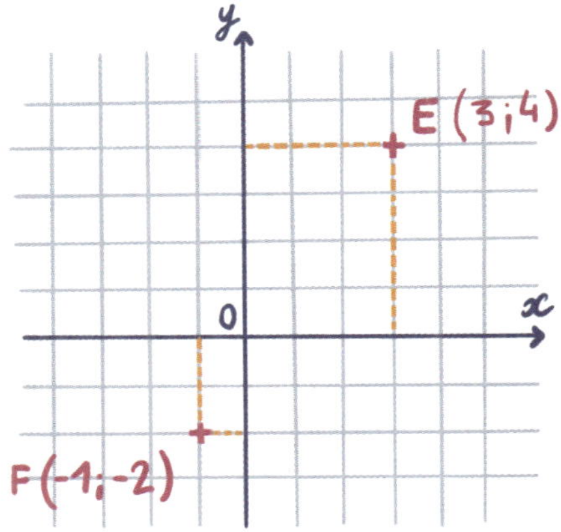

50 Relier angles égaux et droites parallèles

Vidéo
hatier-clic.fr/21cm74

Si (*d*) et (*d*′) sont parallèles et si les angles $\widehat{A}$ et $\widehat{E}$ sont…

alternes-internes

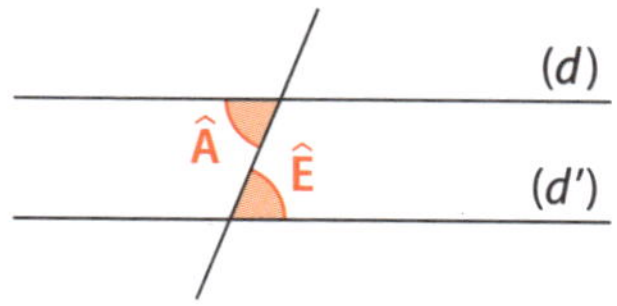

alternes-externes

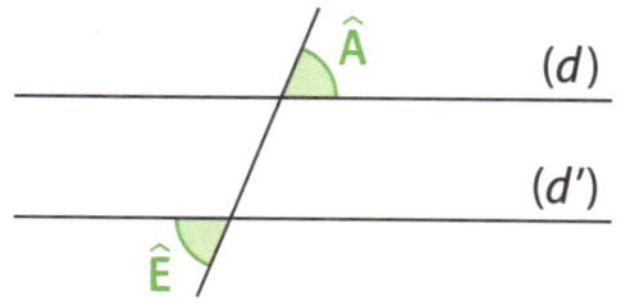

correspondants

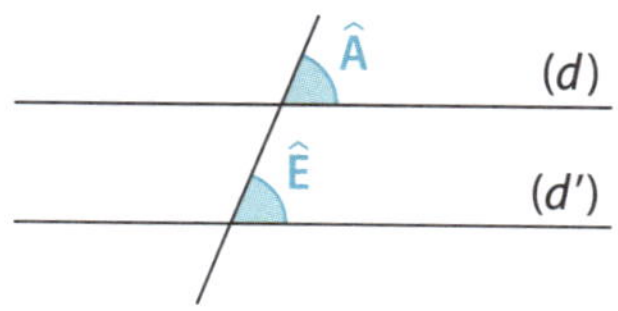

…alors $\widehat{A}$ et $\widehat{E}$ sont égaux.

Remarque Deux angles opposés par le sommet sont toujours de même mesure.

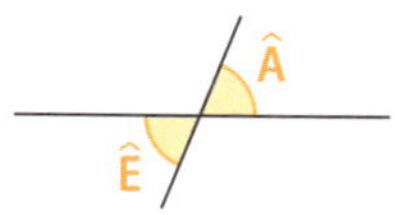

Je m'entraîne

Complète les phrases en utilisant la figure ci-contre.

a. Les droites (AC) et .... sont parallèles.

Les angles $\widehat{FAB}$ et $\widehat{EFD}$ sont .... ,

donc $\widehat{FAB}$ = ...

b. Les droites (FB) et .... sont parallèles.

Les angles $\widehat{BFD}$ et $\widehat{FDE}$ sont .... ,

donc $\widehat{BFD}$ = ...

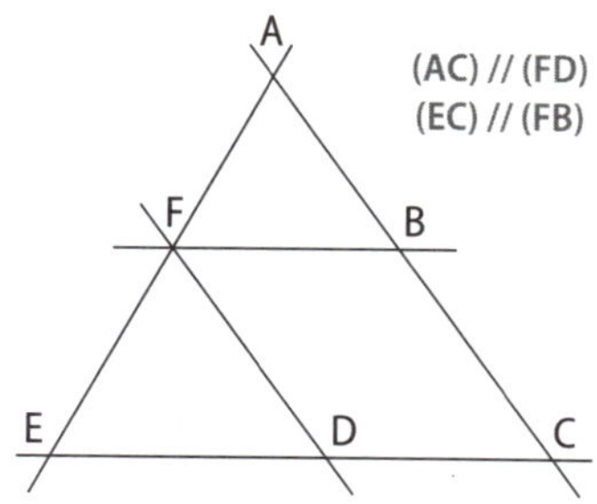

51 Construire un triangle connaissant un côté et deux angles

Doc+ hatier-clic.fr/21cm75

Méthode

1. Avec la règle graduée, tracer un segment ayant pour longueur celle du côté donné. Nommer ce segment en plaçant le nom de chaque point aux extrémités.

2. Avec le rapporteur, tracer :

a. une demi-droite à partir de l'une des extrémités du segment : elle doit former avec le segment un angle correspondant à la mesure donnée ;

b. une demi-droite à partir de l'autre extrémité du segment et du même côté : elle doit former avec le segment un angle correspondant à l'autre mesure.

3. Placer le troisième sommet à l'**intersection** des deux demi-droites (en les prolongeant si nécessaire), puis **tracer à la règle les segments** joignant les sommets.

Exemple

Construire un triangle ABC tel que $AB = 5$ cm, $\widehat{BAC} = 30°$ et $\widehat{ABC} = 45°$.

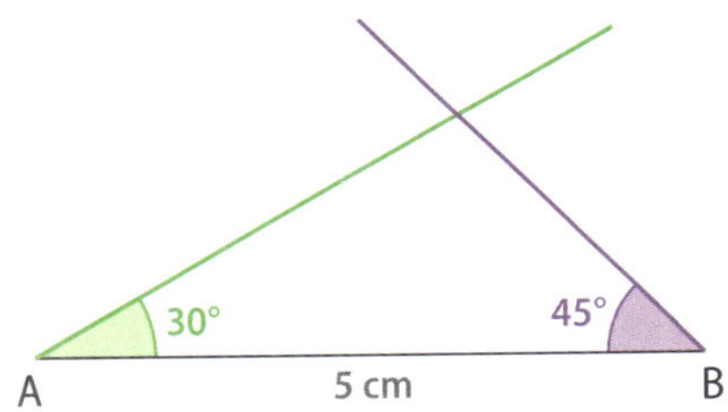

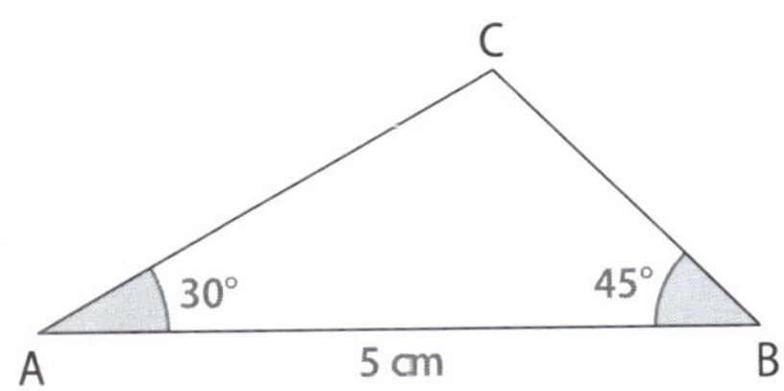

Je m'entraîne

Construis ci-contre un triangle DEF tel que $DE = 5$ cm, $\widehat{FDE} = 30°$ et $\widehat{DEF} = 60°$.

52 Utiliser les propriétés d'un triangle

Vidéos hatier-clic.fr/21cm76

Inégalité triangulaire

Un triangle est constructible si la longueur du côté le plus long est inférieure ou égale à la somme des longueurs des deux autres côtés.

Exemple

Dans le triangle ABC, le côté le plus long est [AC].
$AC = 11$ et $AB + BC = 5 + 7 = 12$.
$AC \leqslant AB + BC$, donc le triangle ABC est constructible.

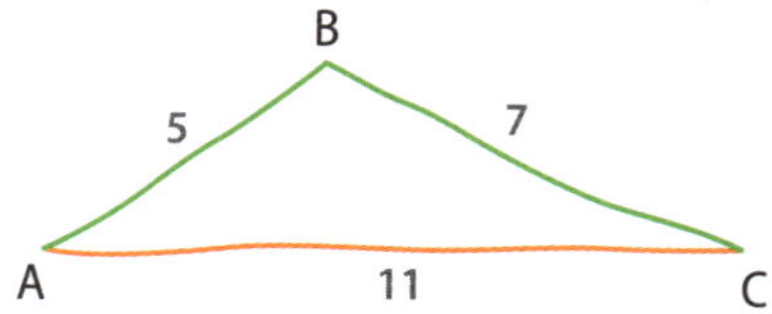

Je m'entraîne

Indique si le triangle DEF ci-dessous est constructible. Justifie ta réponse.

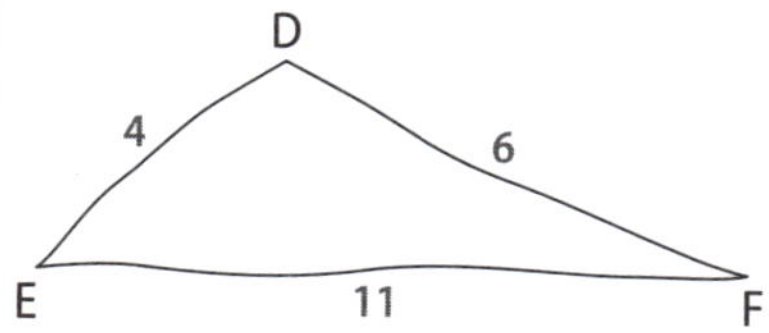

Somme des angles

La somme des mesures des trois angles d'un triangle est égale à 180°.

Exemple

Dans le triangle LMN, on a $\widehat{LMN} + \widehat{MNL} + \widehat{NLM} = 180°$.
Donc $\widehat{LMN} = 180° - (\widehat{MNL} + \widehat{NLM})$
$= 180° - (70° + 30°) = 180° - 100° = 80°$
L'angle $\widehat{LMN}$ mesure 80°.

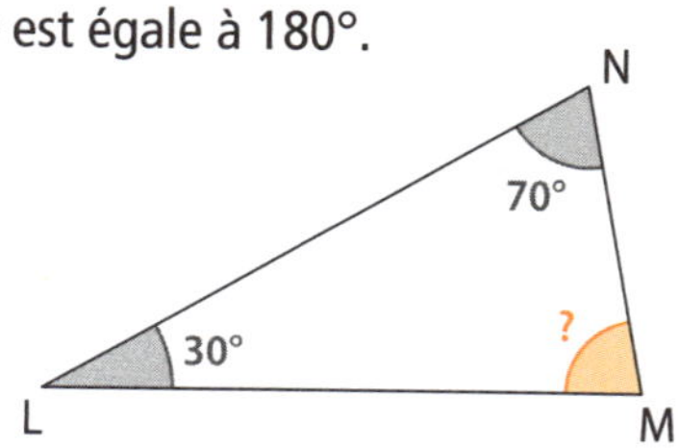

Je m'entraîne

Dans le triangle RST ci-dessous, détermine la mesure de l'angle $\widehat{RTS}$.

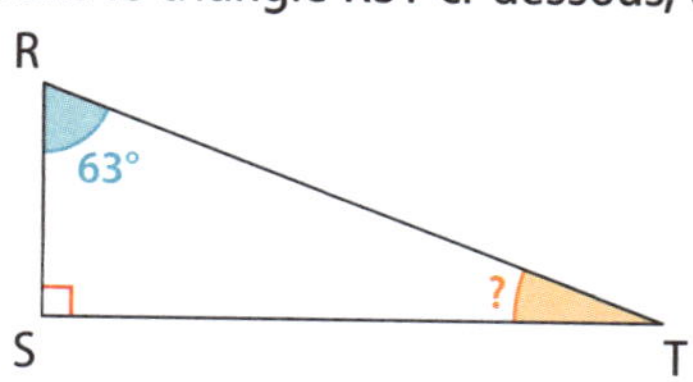

53 Construire les droites remarquables d'un triangle

Les médiatrices

Une médiatrice est une droite qui coupe un segment perpendiculairement en son milieu.

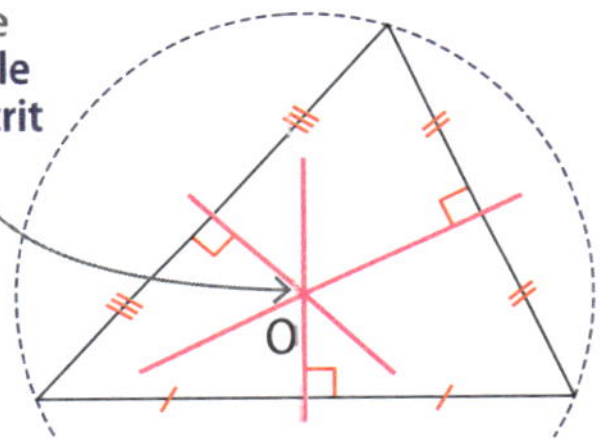

Les bissectrices

Une bissectrice est une demi-droite qui partage un angle en deux angles de même mesure.

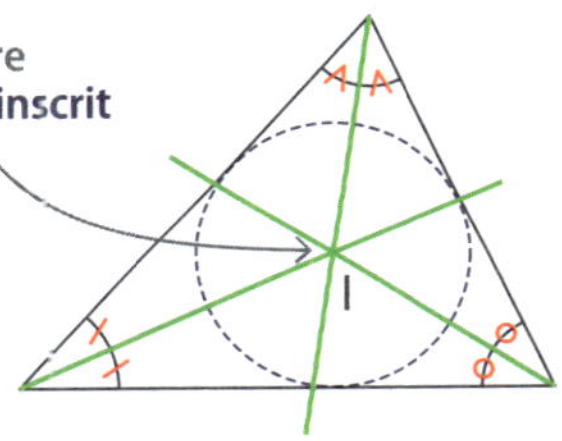

Les hauteurs

Dans un triangle, une hauteur est une droite qui passe par un sommet et qui est perpendiculaire au côté opposé.

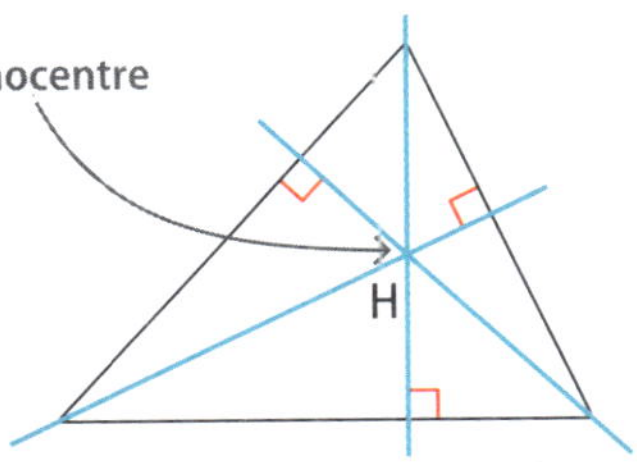

Les médianes

Dans un triangle, une médiane est une droite qui passe par un sommet et par le milieu du côté opposé.

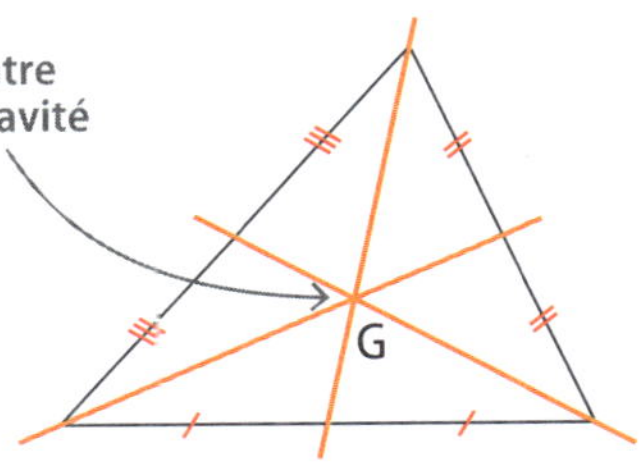

Dans un triangle, les trois droites remarquables de même nature sont concourantes !

Je m'entraîne

Dans le triangle ABC, construis :
- la médiatrice de [AB] en rouge ;
- la bissectrice de $\widehat{CBA}$ en vert ;
- la hauteur issue de A en bleu ;
- la médiane issue de C en noir.

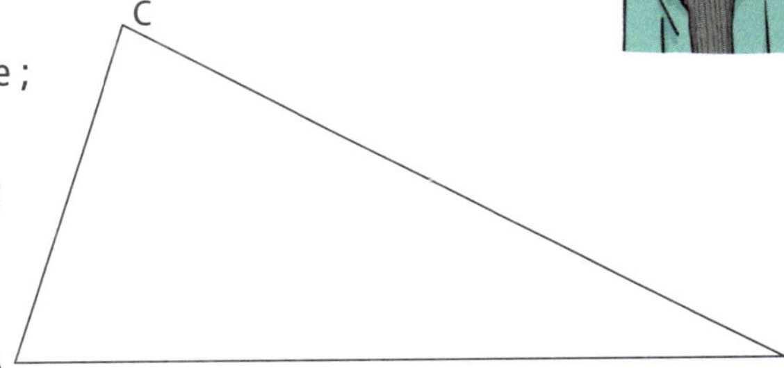

54 Reconnaître un parallélogramme particulier

Vidéos
hatier-clic.fr/21cm78

Un **parallélogramme** est un **quadrilatère** dont les côtés opposés sont parallèles. Ses côtés opposés sont alors de même longueur, et ses diagonales se coupent en leur milieu.

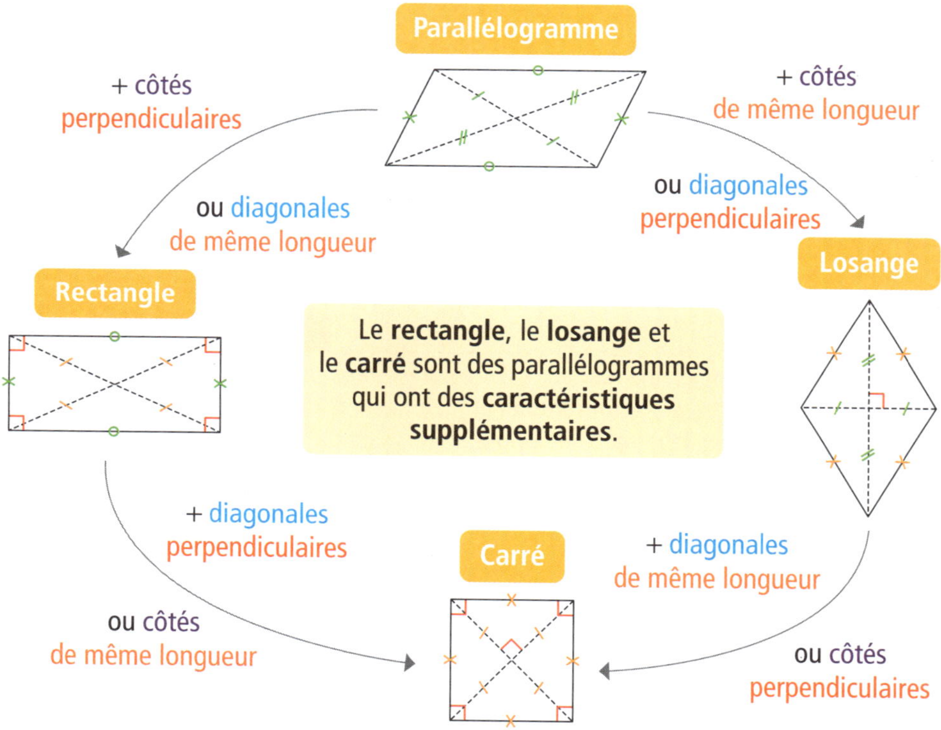

Je m'entraîne

En t'aidant des codages, identifie chaque figure en étant le plus précis possible : entoure en rouge le(s) parallélogramme(s), en noir le(s) rectangle(s), en vert le(s) losange(s) et en bleu le(s) carré(s).

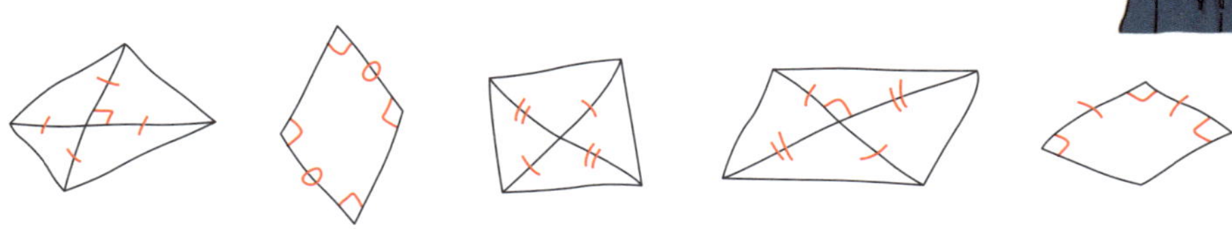

55 Reconnaître des triangles égaux

Vidéo
hatier-clic.fr/21cm79

Deux **triangles égaux** ont leurs côtés deux à deux de même longueur, et donc leurs angles deux à deux de même mesure.

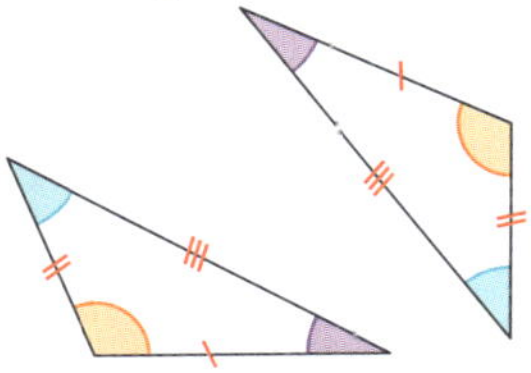

On peut prouver que deux triangles sont égaux :

en comparant leurs côtés

Si deux triangles ont leurs **trois côtés** deux à deux de même longueur, alors ils sont égaux.

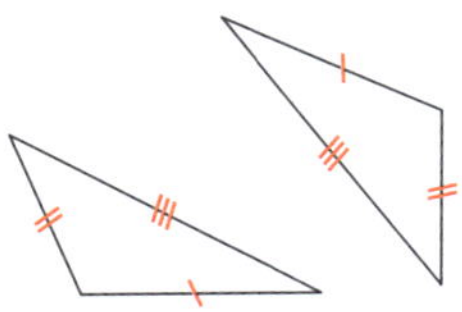

en comparant leurs côtés et leurs angles

Si deux triangles ont **un angle** de même mesure compris entre **deux côtés** deux à deux de même longueur, alors ils sont égaux.

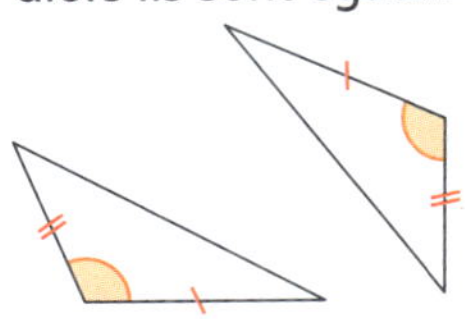

Si deux triangles ont **un côté** de même longueur compris entre **deux angles** deux à deux de même mesure, alors ils sont égaux.

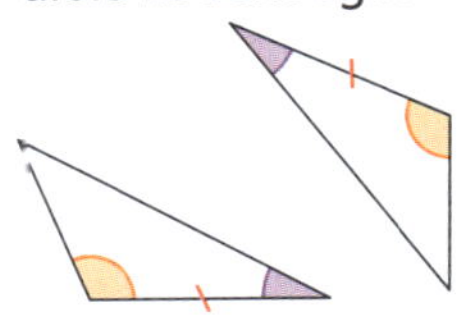

Remarque Deux triangles dont les trois angles sont deux à deux de même mesure ne sont pas forcément égaux (➔ **fiche 56**).

Je m'entraîne

a. Complète le texte.

$\widehat{LAU}$ = ..., $\widehat{}$ .... = $\widehat{}$ .... = 90° et AU = ...

Les triangles EUR et ALU sont donc .... car ils ont un .... de même longueur compris entre .... deux à deux de même mesure.

b. Déduis-en deux égalités de longueurs supplémentaires.

....

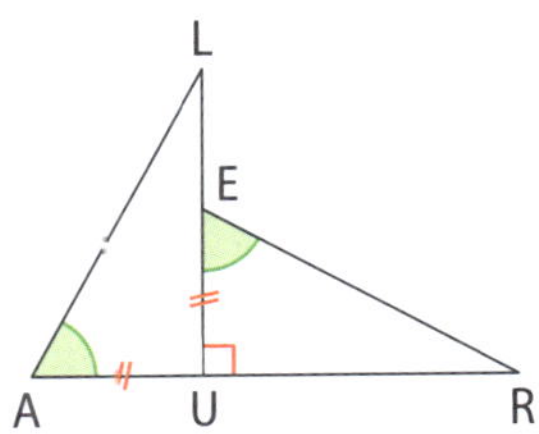

56 Reconnaître des triangles semblables

Vidéo
hatier-clic.fr/21cm80

Deux **triangles semblables** ont leurs angles deux à deux de même mesure.
L'un est alors un agrandissement ou une réduction de l'autre (➲ fiche 49).

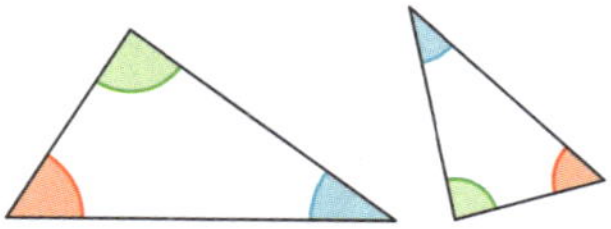

Deux triangles égaux (➲ fiche 55) sont semblables, mais deux triangles semblables ne sont pas forcément égaux.

On peut prouver que deux triangles sont semblables en montrant :

qu'ils ont deux angles deux à deux de même mesure

Exemple

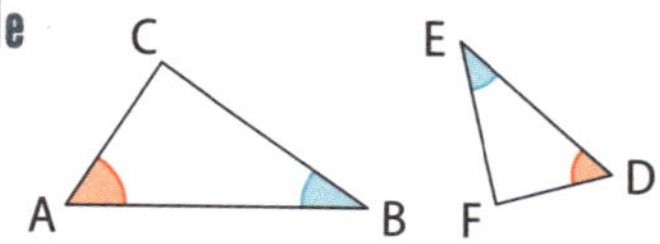

$\widehat{CAB} = \widehat{FDE}$ et $\widehat{ABC} = \widehat{DEF}$.

Les triangles ABC et DEF sont donc semblables.

que les longueurs de leurs côtés sont proportionnelles

Exemple

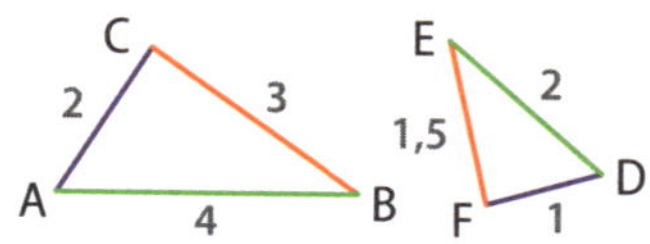

$\frac{AB}{DE} = \frac{AC}{DF} = \frac{BC}{EF} = 2$ ← Coefficient

Les rapports sont égaux, donc les triangles ABC et DEF sont semblables.

Si **coefficient < 1**, ABC est une **réduction** de DEF.

Si **coefficient > 1**, ABC est un **agrandissement** de DEF.

Ici, le coefficient vaut 2, donc ABC est un agrandissement de DEF.

Je m'entraîne

Complète le texte.

« Sur la figure ci-contre, $\widehat{MTA} = \widehat{\ldots\ldots}$,
$\widehat{AMT} = \widehat{\ldots\ldots}$ et $\widehat{MAT} = \widehat{\ldots\ldots}$. Les triangles MAT et THS sont donc ...., et on a :

$\frac{TS}{\ldots\ldots} = \frac{\ldots\ldots}{TA} = \frac{\ldots\ldots}{\ldots\ldots} = \frac{\ldots\ldots}{1} = \ldots\ldots$

Le triangle THS est donc ....
de coefficient .... du triangle MAT. »

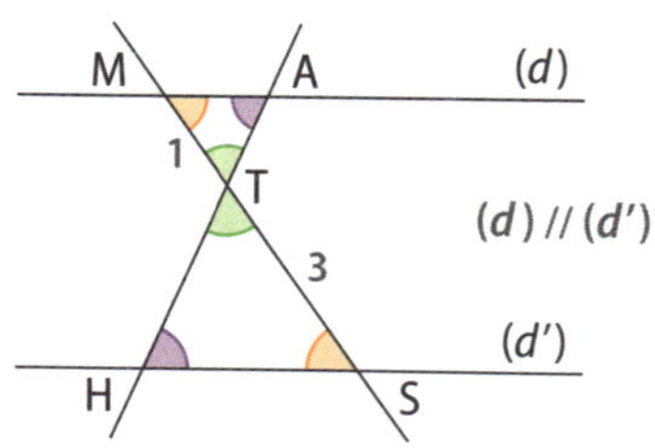

57 Écrire l'égalité de Pythagore

Identifier les côtés d'un triangle rectangle

Dans un triangle rectangle, l'**hypoténuse** est le côté opposé à l'angle droit.

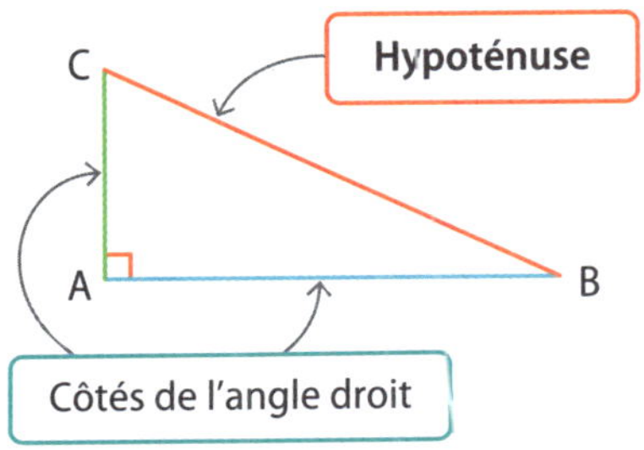

Le théorème de Pythagore

Dans un triangle rectangle, le carré de la longueur de l'hypoténuse est égal à la somme des carrés des longueurs des côtés de l'angle droit.

On peut donc écrire l'**égalité de Pythagore** pour le triangle ABC ci-dessus :

$$BC^2 = AB^2 + AC^2$$

Je m'entraîne

Complète le tableau ci-dessous à partir de la figure ci-contre.

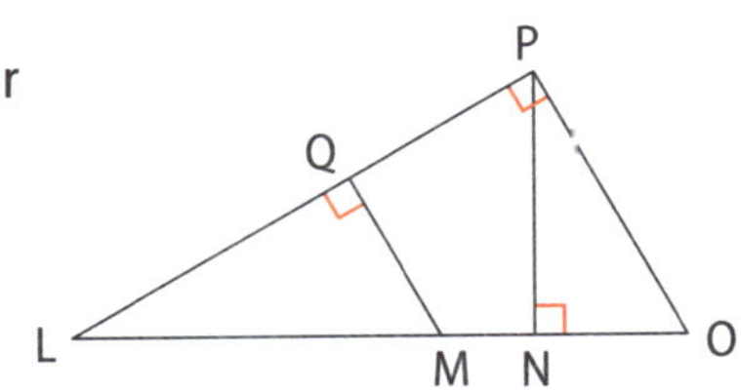

Triangle	Angle droit	Hypoténuse	Égalité de Pythagore
LOP	....	....	....
....	$\widehat{LNP}$	....	....
....	....	[PO]	....
....	....	....	$LM^2 = LQ^2 + QM^2$

58 Utiliser le théorème de Pythagore...

Théorème de Pythagore

Dans un triangle rectangle, le carré de la longueur de l'hypoténuse est égal à la somme des carrés des longueurs des côtés de l'angle droit.

➔ **Fiche 57** pour écrire l'égalité de Pythagore

Calculer la longueur d'un côté

Cas de l'hypoténuse

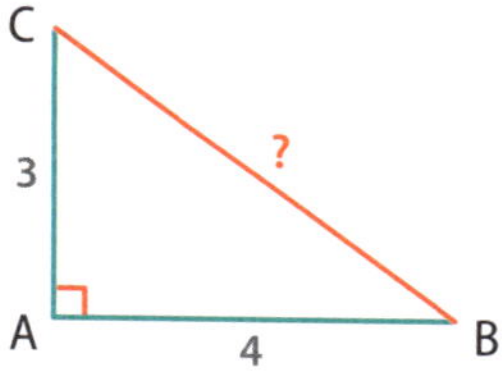

$BC^2 = AB^2 + AC^2$
$= 4^2 + 3^2 = 16 + 9 = 25$

Donc $BC = \sqrt{25} = 5$ (➔ **fiche 28**).

Cas d'un côté de l'angle droit

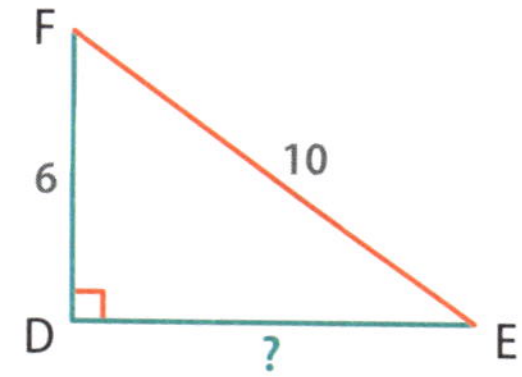

$DE^2 = EF^2 - DF^2$
$= 10^2 - 6^2 = 100 - 36 = 64$

Donc $DE = \sqrt{64} = 8$.

Je m'entraîne

Calcule les longueurs manquantes.

a.

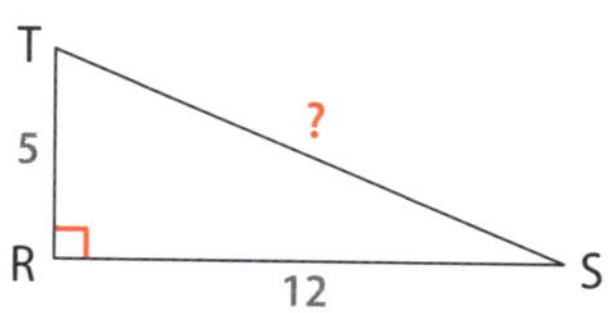

....

....

....

b.

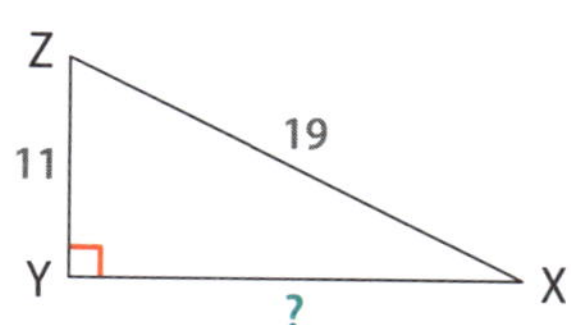

....

....

....

...et sa réciproque

Vidéos
hatier-clic.fr/21cm83

Réciproque du théorème de Pythagore

Dans un triangle, si le carré de la longueur du côté le plus long est égal à la somme des carrés des longueurs des deux autres côtés, alors ce triangle est rectangle.

Démontrer qu'un triangle est rectangle ou non

Cas d'un triangle rectangle

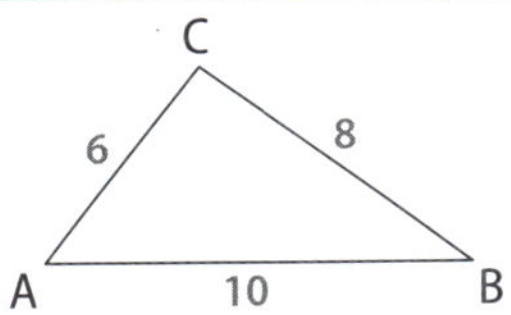

Le plus long côté est [AB].
$AB^2 = 10^2 = 100$
$BC^2 + AC^2 = 8^2 + 6^2 = 64 + 36 = 100$
Donc $AB^2 = AC^2 + CB^2$.
D'après la réciproque du théorème de Pythagore, ABC est donc rectangle en C.

Cas d'un triangle non rectangle

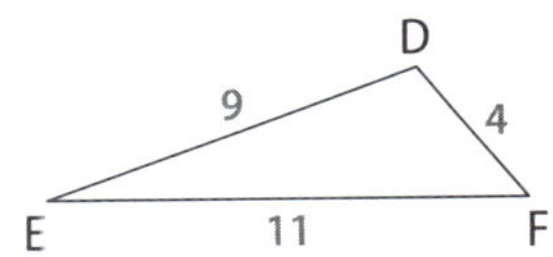

Le plus long côté est [EF].
$EF^2 = 11^2 = 121$
$DE^2 + DF^2 = 9^2 + 4^2 = 81 + 16 = 97$
Or $121 \neq 97$, donc $\mathbf{EF^2 \neq DE^2 + DF^2}$.
L'égalité de Pythagore n'est pas vérifiée, donc DEF n'est pas rectangle.

Je m'entraîne

Détermine si chacun des triangles ci-dessous est rectangle.

a.

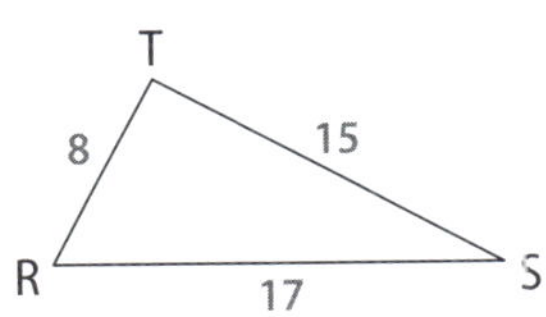

b.

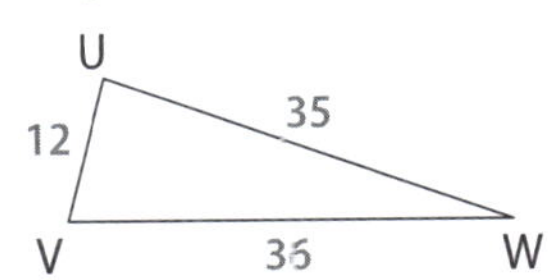

59 Utiliser le théorème de Thalès...

Théorème de Thalès

Si les points A, S et B sont alignés dans le même ordre que les points A, T et C et si la droite (ST) est parallèle à la droite (BC), alors :

$$\frac{AB}{AS} = \frac{AC}{AT} = \frac{BC}{ST}$$ ← Égalités de Thalès

Calculer des longueurs

Configuration « classique »

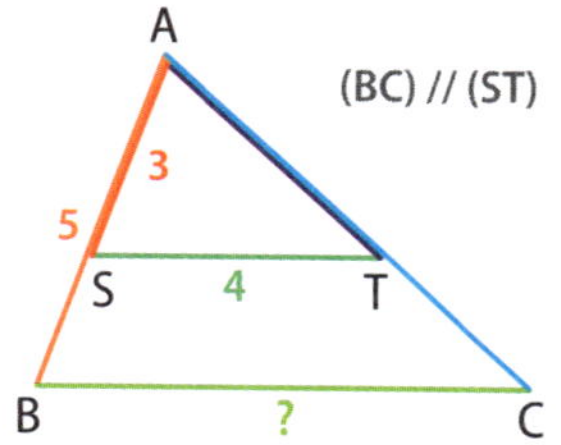

On a : $\frac{5}{3} = \frac{AC}{AT} = \frac{BC}{4}$

Donc $BC = \frac{5 \times 4}{3} \approx 6{,}7$.

Configuration « papillon »

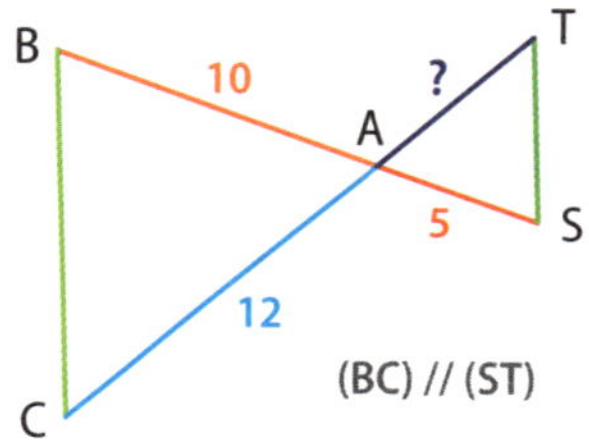

On a : $\frac{10}{5} = \frac{12}{AT} = \frac{BC}{ST}$

Donc $AT = \frac{12 \times 5}{10} = 6$.

Je m'entraîne

Calcule les longueurs demandées.

a.

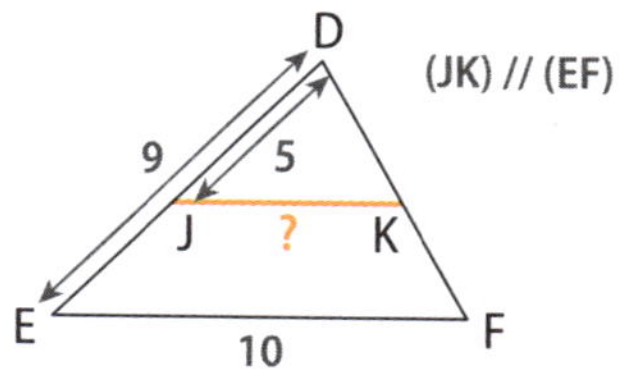

....

....

b.

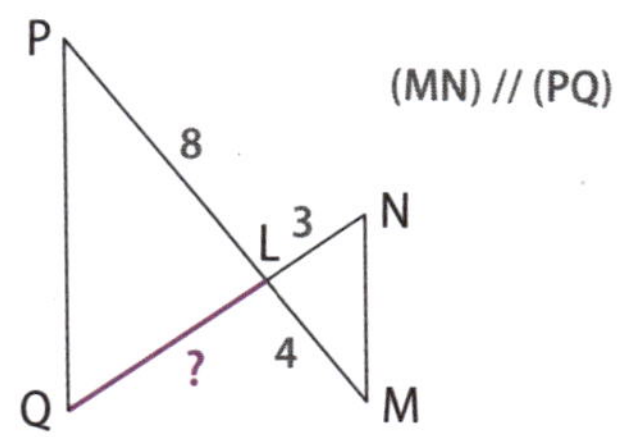

....

....

...et sa réciproque

Vidéos
hatier-clic.fr/21cm85

Réciproque du théorème de Thalès

Si, d'une part, les points A, S et B sont alignés et que, d'autre part, les points A, T et C le sont aussi dans le même ordre, et si $\frac{AB}{AS} = \frac{AC}{AT}$, alors les droites (BC) et (ST) sont parallèles.

Démontrer que deux droites sont parallèles ou non

Cas de droites parallèles

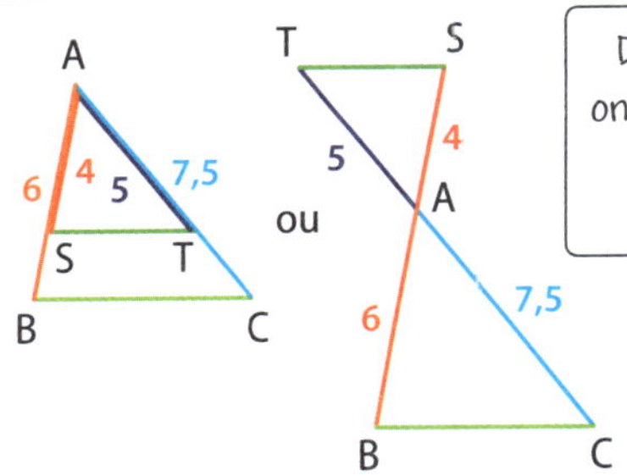

$\frac{AB}{AS} = \frac{6}{4} = \frac{3}{2}$ et $\frac{AC}{AT} = \frac{7{,}5}{5} = \frac{3}{2}$.

Donc $\frac{AB}{AS} = \frac{AC}{AT}$.

Ainsi, d'après la réciproque du théorème de Thalès, (BC) est parallèle à (ST).

Cas de droites non parallèles

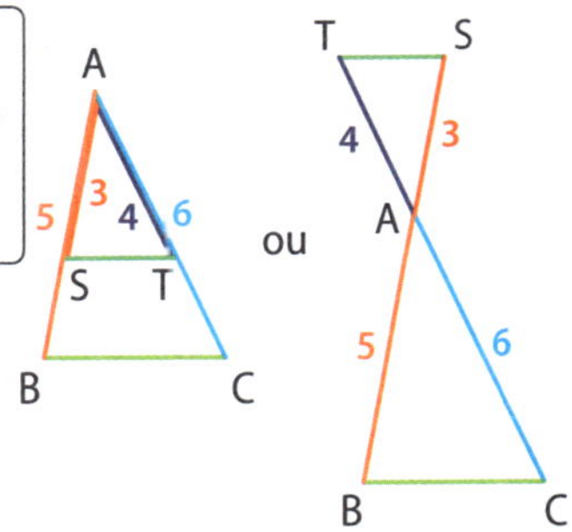

$\frac{AB}{AS} = \frac{5}{3} \approx 1{,}7$ et $\frac{AC}{AT} = \frac{6}{4} = \frac{3}{2} = 1{,}5$.

Or $1{,}7 \neq 1{,}5$. L'égalité des rapports n'est pas vérifiée, donc les droites (BC) et (ST) ne sont pas parallèles.

Je m'entraîne

Complète le tableau à l'aide de la figure.

OP	OQ	OU	OV	$\frac{OP}{OU}$	$\frac{OQ}{OV}$	(UV)//(PQ) ?
33	35	10	13	....	....	....
18,6	39	4,65	9,75	....	....	....
36,72	44,93	7,2	8,8	....	....	....

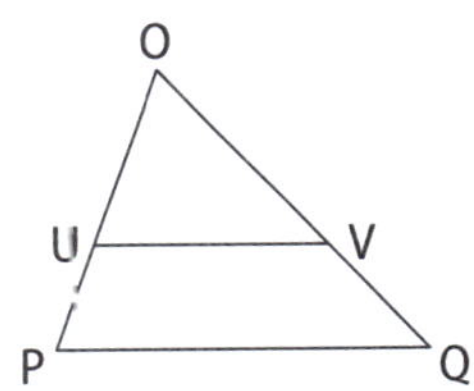

60 Calculer des rapports trigonométriques

Vocabulaire pour le triangle rectangle

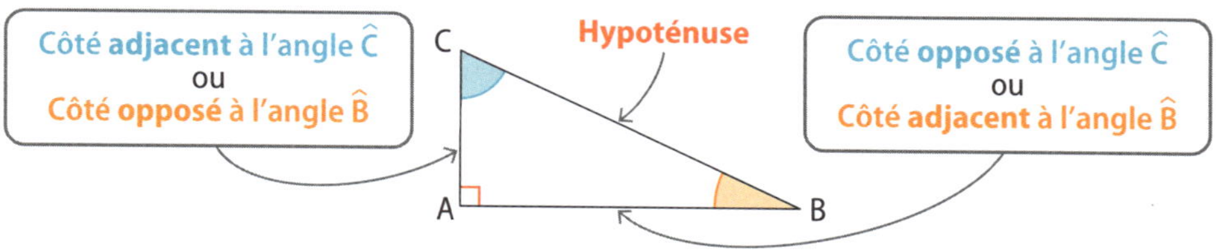

Cosinus, sinus, tangente

Dans le triangle ABC ci-dessus :

COSINUS	SINUS	TANGENTE
Cos $\widehat{C} = \dfrac{\textbf{A}\text{djacent à } \widehat{C}}{\textbf{H}\text{ypoténuse}}$	**S**in $\widehat{C} = \dfrac{\textbf{O}\text{pposé à } \widehat{C}}{\textbf{H}\text{ypoténuse}}$	**T**an $\widehat{C} = \dfrac{\textbf{O}\text{pposé à } \widehat{C}}{\textbf{A}\text{djacent à } \widehat{C}}$

Exemples

Dans le triangle ABC ci-dessus :

Pour te rappeler de ces formules, tu peux retenir « CAH-SOH-TOA ».

- cos $\widehat{C} = \dfrac{AC}{BC}$
- sin $\widehat{C} = \dfrac{\dots\dots}{\dots\dots}$
- tan $\widehat{C} = \dfrac{\dots\dots}{\dots\dots}$
- cos $\widehat{B} = \dfrac{\dots\dots}{\dots\dots}$
- sin $\widehat{B} = \dfrac{\dots\dots}{\dots\dots}$
- tan $\widehat{B} = \dfrac{\dots\dots}{\dots\dots}$

Remarque Le cosinus et le sinus d'un angle sont des nombres compris entre 0 et 1 inclus ; la tangente est un nombre positif.

Je m'entraîne

Pour le triangle IJK représenté ci-dessous, complète chaque égalité en donnant l'expression littérale, la valeur exacte et une valeur approchée au centième.

a. cos $\widehat{K} = \dfrac{\dots\dots}{\dots\dots} = \dfrac{\dots\dots}{\dots\dots} \approx \dots\dots$

b. sin $\widehat{K} = \dfrac{\dots\dots}{\dots\dots} = \dfrac{\dots\dots}{\dots\dots} \approx \dots\dots$

c. tan $\widehat{K} = \dfrac{\dots\dots}{\dots\dots} = \dfrac{\dots\dots}{\dots\dots} \approx \dots\dots$

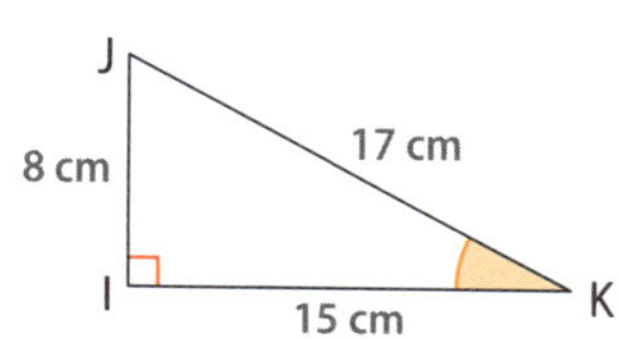

61 Utiliser les rapports trigonométriques

Vidéos
hatier-clic.fr/21cm87

Méthode

1. **Identifier le rapport trigonométrique** (➲ fiche 60) qui fait intervenir les deux données connues et la donnée cherchée (longueur ou mesure d'angle).
2. **Utiliser** les touches cos, sin et tan de **la calculatrice** (➲ page II).

Calculer des longueurs

Avec le cosinus

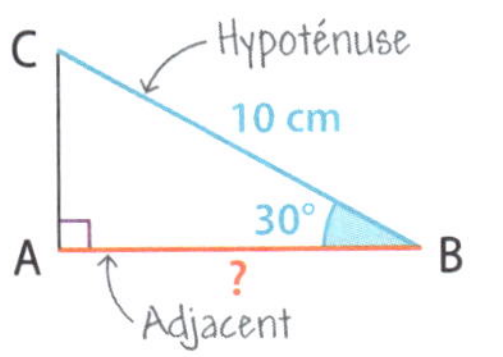

$\cos(30°) = \dfrac{AB}{BC} = \dfrac{AB}{10}$

AB = ...

AB ≈ .... cm

Avec le sinus

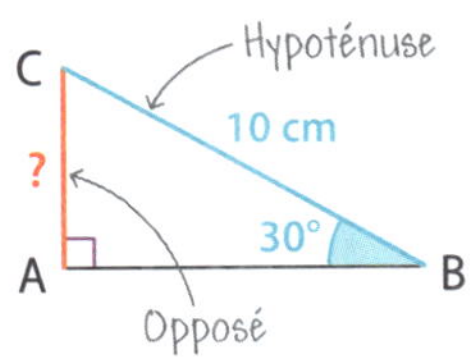

$\sin(30°) = \dfrac{AC}{BC} = \dfrac{AC}{10}$

AC = ...

AC = ... cm

Avec la tangente

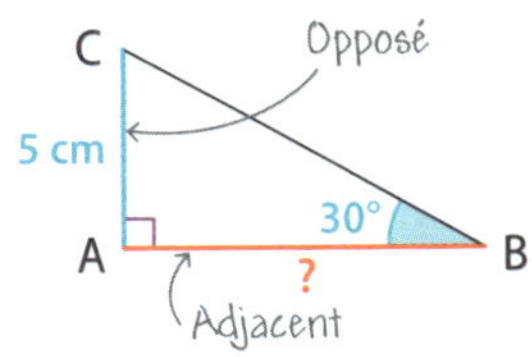

$\tan(30°) = \dfrac{AC}{AB} = \dfrac{5}{AB}$

AB = ...

AB ≈ .... cm

Calculer des mesures d'angles

Avec le cosinus

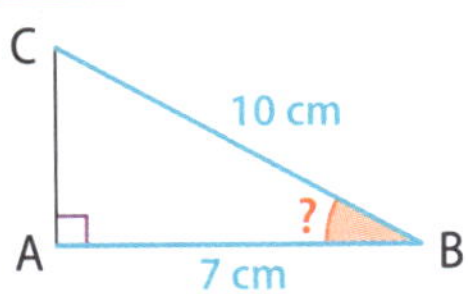

$\cos(\widehat{B}) = \dfrac{AB}{BC} = \dfrac{\dots\dots}{\dots\dots}$

d'où $\widehat{B}$ ≈ ....

Avec le sinus

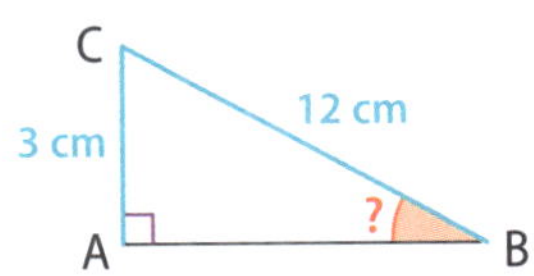

$\sin(\widehat{B}) = \dfrac{AC}{BC} = \dfrac{\dots\dots}{\dots\dots}$

d'où $\widehat{B}$ ≈ ....

Avec la tangente

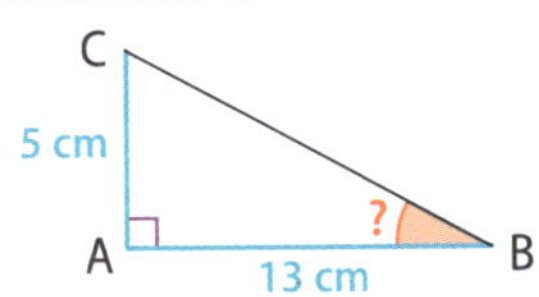

$\tan(\widehat{B}) = \dfrac{AC}{AB} = \dfrac{\dots\dots}{\dots\dots}$

d'où $\widehat{B}$ ≈ ....

Pour obtenir la mesure de l'angle à partir du cosinus, du sinus ou de la tangente, appuyer sur la touche 2de avant d'appuyer sur cos, sin ou tan.

62 Transformer une figure par une symétrie axiale

Vidéo et Doc+
hatier-clic.fr/21cm88

Deux figures sont **symétriques par rapport à une droite** si elles se superposent quand on « plie » le long de cette droite, appelée **axe de symétrie**.

Méthode

Construire le point B′, image du point B par la symétrie d'axe (*d*).

1. **Avec l'équerre, tracer la droite perpendiculaire à (*d*) passant par B** en pointillés.
2. **Avec le compas (ou la règle),** reporter la distance du point B à la droite (*d*) pour placer sur la droite en pointillés le point B′ tel que (*d*) soit la médiatrice de [BB′].

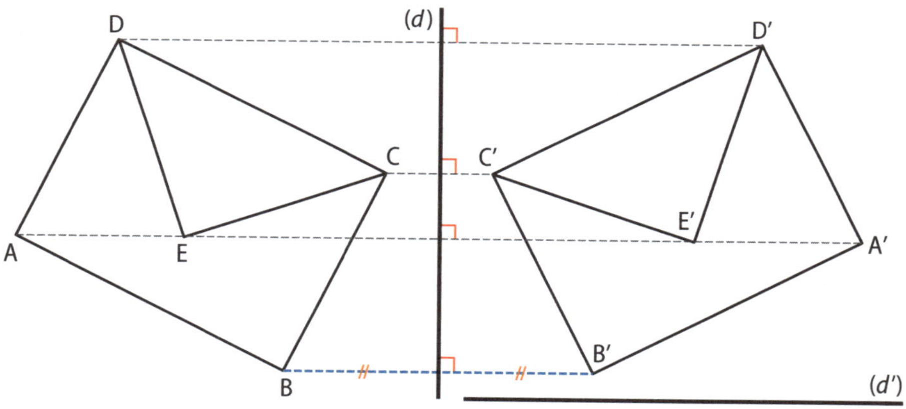

Remarque Une symétrie axiale conserve les longueurs et les angles (➔ fiche 49).

Je m'entraîne

Construis la figure A″B″C″D″E″, image de A′B′C′D′E′ par la symétrie d'axe (*d*′).

63 Transformer une figure par une symétrie centrale

Vidéo et Doc+
hatier-clic.fr/21cm89

Transformer une figure par une **symétrie centrale**, c'est la faire tourner d'un demi-tour autour d'un point appelé **centre de symétrie**.

Méthode

Construire le point B′, image du point B par la symétrie de centre O.

1. Avec la règle, tracer la demi-droite [BO).

2. Avec le compas (ou la règle), reporter la longueur OB sur [BO) à partir du point O pour placer le point B′ tel que O soit le milieu du segment [BB′].

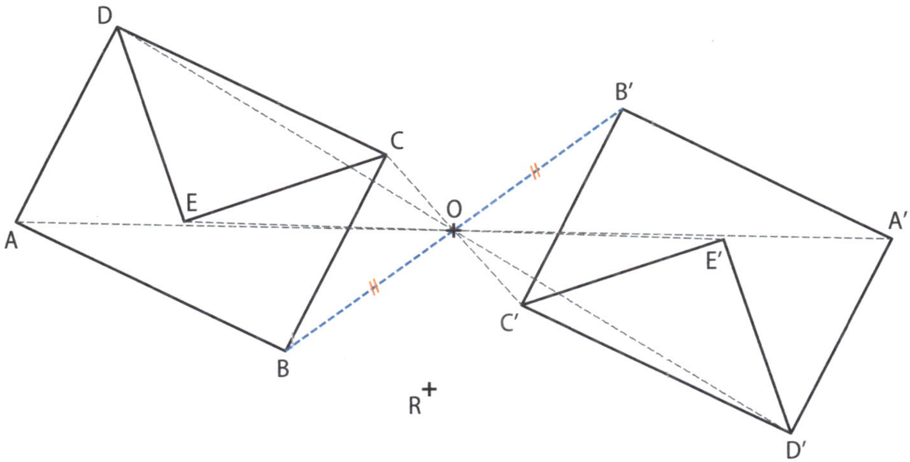

Remarque Une symétrie centrale conserve les longueurs et les angles (➔ fiche 49).

Je m'entraîne

Construis la figure A″B″C″D″E″, image de ABCDE par la symétrie de centre R.

64 Transformer une figure par une rotation

Vidéo et Doc+
hatier-clic.fr/21cm90

Transformer une figure par une **rotation**, c'est la faire tourner autour d'un point, appelé **centre de rotation**, selon un **angle** et un **sens** (horaire ou anti-horaire) donnés.

Sens anti-horaire — Sens horaire

Méthode

Construire le point D′, image du point D par la rotation de centre O et d'angle 120° dans le sens anti-horaire.

1. **Avec la règle, tracer la demi-droite** [OD).
2. **Avec le rapporteur, construire un angle** de côté [OD), de sommet O et de 120° dans le sens anti-horaire.
3. **Avec le compas (ou la règle), reporter la longueur** OD à partir du point O sur la demi-droite obtenue pour placer le point D′ tel que OD = OD′.

Une symétrie centrale (➲ **fiche 63**) est une rotation d'angle 180°.

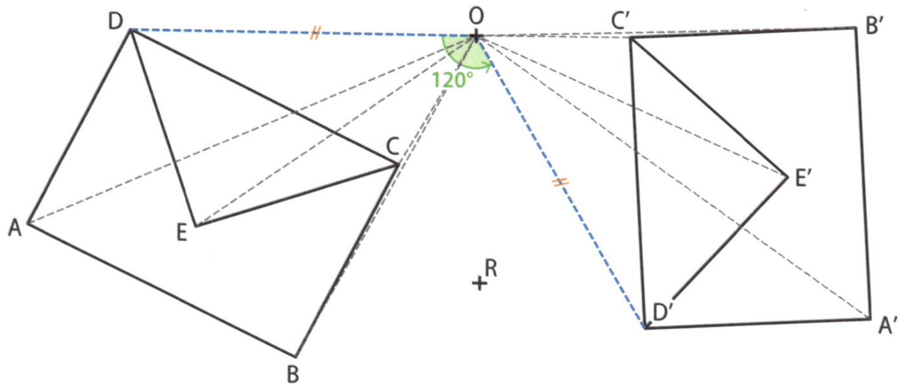

Remarque Une rotation conserve les longueurs et les angles (➲ **fiche 49**).

Je m'entraîne

Construis la figure A″B″C″D″E″, image de ABCDE par la rotation de centre R et d'angle 140° dans le sens anti-horaire.

65 Transformer une figure par une translation

Vidéo
hatier-clic.fr/21cm91

Transformer une figure par une **translation**, c'est la faire glisser selon une **direction**, un **sens** et une **longueur**, en général donnés par deux points.

Méthode

Construire le point B′, image du point B par la translation qui transforme S en T.

1. **Observer** le déplacement horizontal et le déplacement vertical permettant d'aller de S à T.
2. À partir du point B, **reproduire** le déplacement horizontal et le déplacement vertical pour placer le point B′.

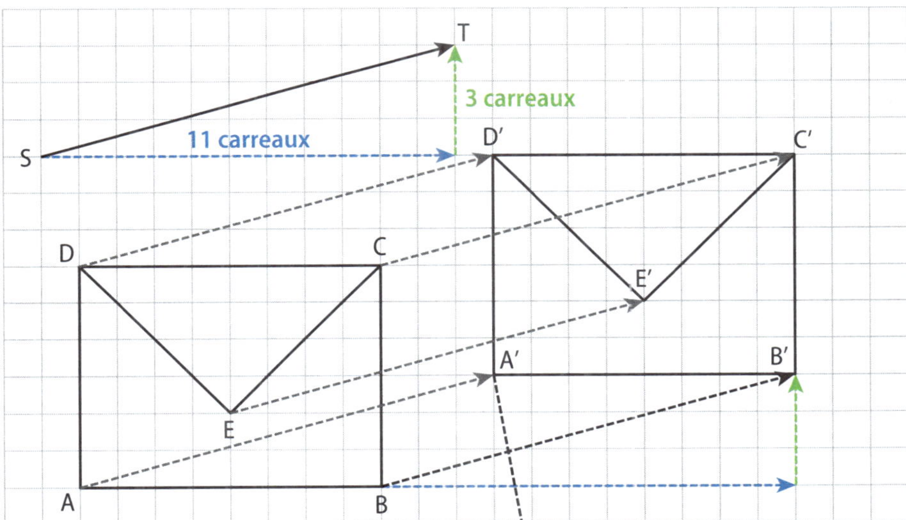

Remarque Une translation conserve les longueurs et les angles (➔ fiche 49).

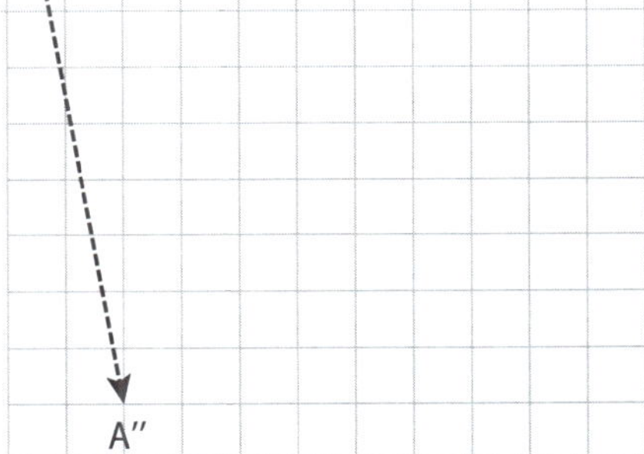

Je m'entraîne

Construis la figure A″B″C″D″E″, image de A′B′C′D′E′ par la translation qui transforme A′ en A″.

66 Transformer une figure par une homothétie

Vidéo hatier-clic.fr/21cm92

Transformer une figure par une **homothétie** de **rapport** k (non nul), c'est l'agrandir ou la réduire tout en faisant glisser ses points le long de droites passant par un point, appelé **centre**.

k positif

- $k > 1$: Agrandissement
- $0 < k < 1$: Réduction

k négatif

- $-1 < k < 0$: Réduction et « retournement »
- $k < -1$: Agrandissement et « retournement »

Méthode

Construire le point C′, image du point C par l'homothétie de centre O et de rapport $k = 2$.

1. Avec la règle, tracer la droite (OC).

2. Avec le compas, reporter k fois la longueur OC à partir du point O, du côté de C si k positif et du côté opposé à C si k négatif, pour placer le point C′.

Une symétrie centrale (➲ **fiche 63**) est une homothétie de rapport −1.

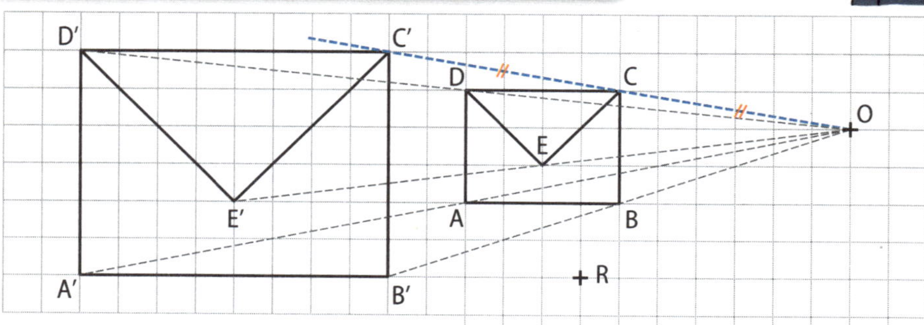

Remarque Une homothétie conserve les angles, mais pas les longueurs (➲ **fiche 49**).

Je m'entraîne

Construis la figure A″B″C″D″E″, image de ABCDE par l'homothétie de centre R et de rapport −2.

67 Se repérer sur une droite et dans le plan

Vidéo
hatier-clic.fr/21cm93

Se repérer sur une droite graduée

Tout point P d'une droite graduée peut être repéré par un nombre relatif x_P qui indique sa position (à gauche ou à droite) par rapport à l'origine O de la droite et la distance OP. x_P est appelé **abscisse** du point P. On note : P(x_P).

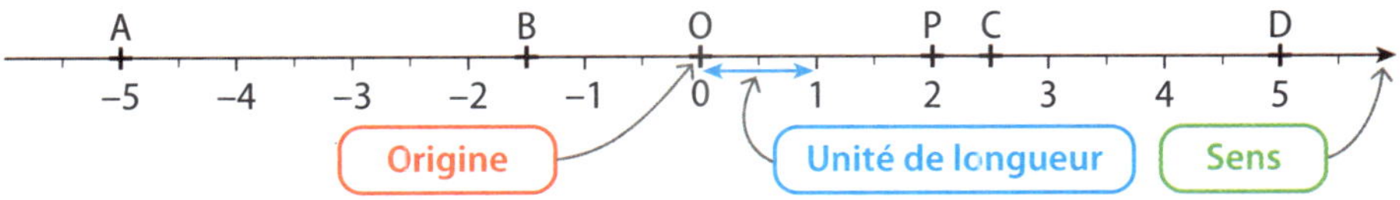

Exemple Sur la droite graduée ci-dessus, P est le point d'abscisse 2 ; on note : P(2).

Je m'entraîne

Complète les coordonnées des points A, B, C et D.

A(..........) B(.........) C(..........) D(..........)

Se repérer dans le plan

Tout point M d'un repère du plan peut être repéré par deux nombres relatifs qui forment ses **coordonnées** : l'abscisse x_M se lit sur l'axe des abscisses (horizontal) et l'ordonnée y_M se lit sur l'axe des ordonnées (vertical). On note : M(x_M ; y_M).

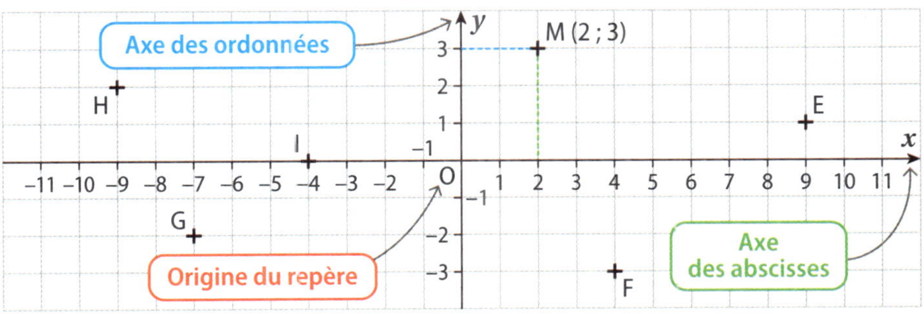

Exemple Dans le repère ci-dessus, M est le point de coordonnées (2 ; 3).

Je m'entraîne

Complète les coordonnées des points E, F, G, H et I.

E(..... ; .....) F(..... ; .....) G(..... ; .....) H(..... ; .....) I(..... ; .....)

68 Se repérer dans l'espace

Vidéos
hatier-clic.fr/21cm94

Se repérer dans un pavé droit

Dans un pavé droit (ou parallélépipède rectangle), on peut former un repère à partir d'un sommet et des arêtes qui en partent.
Tout point S du pavé droit peut alors être repéré par trois nombres qui forment ses **coordonnées** : l'**abscisse** x_S, l'**ordonnée** y_S et l'**altitude** z_S.
On note : S(x_S ; y_S ; z_S).

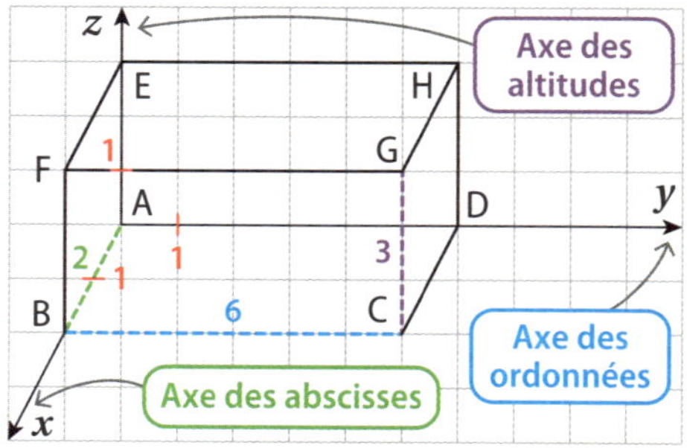

Exemple Dans le repère d'origine A de ce pavé droit, G a pour coordonnées (2 ; 6 ; 3).

Je m'entraîne

Complète les coordonnées des points B, C, D, E, F et H.

B(........ ; .... ; ....) C(........ ; .... ; ....) D(........ ; .... ; ....)
E(........ ; .... ; ....) F(........ ; .... ; ....) H(........ ; .... ; ....)

Se repérer sur une sphère

Tout point W d'une sphère peut être repéré par deux coordonnées :
– la **latitude** est la mesure de l'angle $\widehat{MOW}$, suivie de l'indication Nord ou Sud ;
– la **longitude** est la mesure de l'angle $\widehat{AOM}$, suivie de l'indication Est ou Ouest.

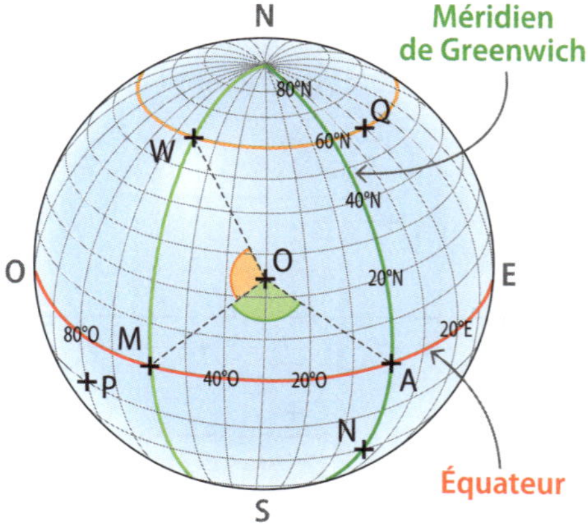

Exemple
Sur la sphère ci-contre, les coordonnées du point W sont (60°N ; 60°O).

Je m'entraîne

Complète les coordonnées des points M, N, P et Q.

M(.......... ; ....) N(.......... ; ....)
P(.......... ; ....) Q(.......... ; ....)